心理教育与人文素质培养

杨 慧 ◎ 著

吉林出版集团股份有限公司

图书在版编目（CIP）数据

心理教育与人文素质培养 / 杨慧著． — 长春 ：吉林出版集团股份有限公司，2022.10
ISBN 978-7-5731-2472-2

Ⅰ．①心… Ⅱ．①杨… Ⅲ．①心理健康－健康教育－研究②人文素质教育－研究 Ⅳ．①G444②G40-012

中国版本图书馆 CIP 数据核字 (2022) 第 190168 号

心理教育与人文素质培养

著　　者	杨　慧
责任编辑	滕　林
封面设计	林　吉
开　　本	787mm×1092mm　　1/16
字　　数	210 千
印　　张	9.75
版　　次	2022 年 10 月第 1 版
印　　次	2022 年 10 月第 1 次印刷
出版发行	吉林出版集团股份有限公司
电　　话	总编办：010-63109269
	发行部：010-63109269
印　　刷	廊坊市广阳区九洲印刷厂

ISBN 978-7-5731-2472-2　　　　　　　　　　定价：68.00 元

版权所有　侵权必究

前　言

　　大学生心理素质教育课的内容更多指向大学生关于自我意识、人格发展、人际关系、个人成长、生命等主题的意识活动。心理素质教育课程的意义在于满足大学生来自于精神层面的心灵追求，让学生懂得修身是齐家治国平天下的基础，是促进社会和谐之根本；让学生懂得唯有心灵的满足，才是真正的幸福。大学生心理素质教育课体现了人文素质教育的灵魂——对人心灵的培养，可以加强大学生对人生意义、生命价值的认识。因此，大学生心理素质教育课就成为人文素质教育中最重要部分。

　　人文素质主要包括人文知识、人文精神、人文行为三个方面。人文素质教育不仅应该包括"知"——了解人文知识，更应包括"行"——践行人文精神、修正人文行为，这样才能符合人的全面发展思想的科学内涵价值，帮助大学生在接受人文教育的同时能够深入思考人生的本真，进而实现自我的升华。大学生心理素质教育课作为一门注重体验、讲究应用性与实践性的课程，不仅有利于人文知识的普及，更有利于人文知识的实践。

　　人文素质体现着一个人对自己、他人以及社会的认知态度和行为准则，是一个人文明程度的综合体现。它的最高表现形态就是人文精神，主要是通过一个人的人生观、价值观、世界观、人格特征、审美情趣等体现出来。人文素质教育的目的是要教会学生"如何做人"的问题。在这一点上，人文素质教育与心理素质教育课是相通的。大学生心理素质教育课并非是心理学的专业课程，不以讲授心理学专业知识为目的，而是根据大学生心理发展的特点，从教育与发展模式出发，让不同年龄的大学生了解成长过程中可能遇到的问题，掌握处理心理问题的态度与方法，引导学生形成正确的精神需要，指导学生发挥自身潜能，最终获得心灵的成长、学业的成功。

　　由于本人水平有限，时间仓促，书中不足之处在所难免，望各位读者、专家不吝赐教。

目 录

第一章 我国心理健康问题研究 ·· 1
第一节 我国心理健康教育问题 ··· 1
第二节 我国心理健康教育课堂教学的问题 ··· 8
第三节 心理健康问题与危机干预 ·· 11
第四节 朋辈心理辅导研究 ·· 15
第五节 贫困生心理健康服务的意义、问题 ·· 21

第二章 积极心理学教育 ·· 25
第一节 积极心理学与心理健康教育 ·· 25
第二节 基于积极心理学的心理品质培养体系的构建 ······························· 27
第三节 基于积极心理学的心理危机干预策略探究 ·································· 30
第四节 浅谈积极心理学视野下的心理健康教育 ······································ 34
第五节 积极心理学视角下的心理健康教育探索 ······································ 36

第三章 互联网心理健康教育模式构建 ··· 42
第一节 互联网心理健康教育实践研究 ·· 42
第二节 互联网心理危机预防教育 ·· 46
第三节 自媒体时代心理健康教育创新研究 ·· 50
第四节 互联网心理健康教育课程新形态立体化教材的建设 ·················· 55
第五节 互联网高校"边缘生"心理健康教育模式 ·································· 58
第六节 互联网贫困大学生心理问题分析与教育 ······································ 62

第四章 人文素养基础理论 ·· 68
第一节 大学生人文教育导论 ·· 68
第二节 现代人文主义技术哲学 ·· 76
第三节 道德的发展和教育 ·· 84

第五章 人文素质教育的价值与功能············99
第一节 人文素质教育的个体价值············99
第二节 人文素质教育的社会价值············108
第三节 人文素质教育的社会功能············111

第六章 人文素质教育的原则、途径和方法············117
第一节 人文素质教育的原则············117
第二节 人文素质教育的途径············123
第三节 人文素质教育的方法············134

第七章 人文素质教育与健康心理培养············140
第一节 心理健康教育课中人文素质教育············140
第二节 心理素质教育中提升大学生人文素质的途径············144
第三节 大学生思想政治教育中的人文关怀和心理疏导············146

参考文献············149

第一章 我国心理健康问题研究

第一节 我国心理健康教育问题

心理健康是当今社会人才需求的基础，以培养高素质人才为首要任务的高校，更要重视并切实做好大学生的心理健康教育工作。本节通过分析20世纪80年代、90年代和21世纪三个时期我国大学生心理健康问题，以及高校对其进行教育的方法和手段，说明了对大学生心理健康教育的重要性。我国的大学生肩负着为社会主义现代化建设事业奋斗的历史使命，重视其心理健康教育、优化其心理素质是社会进步和时代发展的迫切要求，是全面提高大学生综合素质的重要内容。新时期高校大学生心理健康及其教育问题成为重要课题，我们要不断加强对问题的研究，保证大学生全面健康发展。

经济社会发展日益加快，大学生承担的心理压力也越来越大，因此大学生心理健康教育的作用就凸现出来，逐渐受到社会各界的重视。我国大学生心理健康教育起步于20世纪80年代中期，起步较晚、发展较慢，还不能很好的调节大学生的心理健康。通过对我国大学生心理健康问题的历史分析，并反思在此过程中出现的问题，有利于更好地解决大学生心理健康问题，促进大学生全面健康发展。

一、大学生心理健康教育相关概念

为了做好大学生的心理健康教育工作，促进其全面健康发展，首先要明确大学生心理健康教育的相关概念。

（一）心理健康

心理健康是健康概念的重要组成部分，是相对于生理健康而言的，一般既指心理健康的状态，也指维持心理健康，预防心理障碍或行为问题。

联合国世界卫生组织对心理健康的定义是："心理健康不仅指没有心理疾病或变态，不仅指个体社会适应良好，还指人格的完善和心理潜能的充分发挥，亦指在一定的客观条件下将个人心境发挥到最佳状态。"

1946年，第三届国际心理卫生大会对心理健康是这样定义的："所谓心理健康，是指在身体、智能以及情感上与他人的心理健康不相矛盾的范围内，将个人的心境发展成最佳的状态。"

从广义上讲，心理健康是一种持续高效而满意的心理状态；从狭义上讲，心理健康是知、情、意、行的统一，是人格完善协调，社会适应良好。

（二）大学生心理健康教育

大学生心理健康，主要是指在当前的经济社会约束条件下，大学生心理与行为是否统一，对自己的心境、学习、社会环境、人际关系等是否满意，有无追求美好生活的愿望及较为可行的实现路径。

大学生心理健康教育，是指高校向学生提供的所有旨在解决学生心理问题、提高学生心理健康水平的教育活动，大学生素质教育的重要组成部分，是落实素质教育工程、培养高素质人才的重要环节。

二、20世纪80年代高校的心理健康教育

20世纪80年代，学校心理健康教育首先以心理咨询的形式在我国高校兴起，心理咨询成为思想政治教育的活动之一，咨询对象主要是存在各种心理问题的部分大学生。

（一）20世纪80年代大学生常见心理问题

20世纪80年代，中国社会发生了巨大变化。改革开放以来，经济快速发展，人们的生活方式和价值观念也发生了很大变化。社会的变化使大学生情绪不稳定的现象加剧，加之不适应环境等因素而产生了各种心理问题。

一是学业课程压力过大引起的焦虑。进入大学校园以后，学习的课程增多了，内容也变得更难，与中学的学习方式和学习内容有了很大的不同，学习压力和同学间的竞争也愈演愈烈。在这样的焦虑情绪下，大部分学生会有睡眠不足的情况，甚至出现神经衰退的症状。长此以往，学生的学习兴趣下降，成绩降低。

二是环境的转变引发的紧张不适。随着大一开学，一些大学生会产生初入新环境的不适感，此前与父母一起生活，在生活学习中可以得到很好的照顾，而现在则在宿舍和别的同学一起过集体生活，除了互相生活习惯的影响外，自身的生活能力不够都会让他们紧张不适，极易引发各种心理问题。考入外地的大学生则更容易出现这类情况，除了生活习惯和自身问题之外，地域环境的改变、饮食习惯的不同都会让他们产生不适感。

三是人际关系的不适引出的心理问题。与中学不同，在大学里，与老师之间、同学之间以及异性之间的关系变得更加复杂，一些大学生在与别的同学进行人际交往的过程

中，由于缺少正确的方式或技巧，在处理问题的时候做不到皆大欢喜，往往会产生不好的结果，从而对人际交往产生焦虑与恐惧。

四是理想与现实间的矛盾产生抑郁心理。一般来说，大学生都有着崇高的理想，他们非常关心国家和社会的发展问题，然而理想中的国泰民安和现实中各种杂乱的社会问题的对比会使一部分大学生感到不满，出现消沉的心情，直接影响到他们对于学习的积极性，甚至会产生抑郁等各种心理问题。

五是性和恋爱产生的心理问题。大学生正处在青春期，在这个阶段往往会对异性产生好奇与关心，因而出现了各种恋爱问题，由此引发了单相思、失恋等各种烦恼与不安心理。1985年在上海召开的全国性教育研讨会上，重庆地区的大学生调查表明，关于性而产生烦恼的学生占53%。

（二）高校进行思想教育的方法和手段

20世纪80年代，高校对大学生心理健康问题进行思想教育的方法和手段主要是心理咨询，其形式主要以个别面谈为主，一部分学校也开展了电话咨询、集体咨询、通讯咨询等形式，通过适当的方法，把引导的工作做在前边，提倡关心和热爱学生。

钟友彬依据心理动力学疗法的原理与中国实情及人们的生活习惯相结合，在1988年开发了认知领悟疗法，即通过解释使求治者改变认识，得到领悟而使症状得以减轻或消失，从而达到治病的目的。这种疗法就是要找出一个人不现实的、不合理的或非理性的、不合逻辑的思维特点，并帮助他建立较为现实的认知问题的思维方法，来消除各种不良的心理障碍。

80年代我国高校心理咨询活动虽处于发展初期，但已经具有了一定的规模和影响，并取得了一定的成果。

三、20世纪90年代高校的心理健康教育

建立以学生发展为核心的心理咨询观念。20世纪80年代中期，由问题为中心的咨询治疗忽视了很多正常学生寻求发展的心理需求和精神需要，因此要建立以学生发展为核心的心理咨询。

（一）20世纪90年代大学生常见心理问题

一是大学生活适应问题。首先是生活能力弱，大学生处理日常事务的能力稍显不足，当他们面对新的生活环境，新的思维模式，心理压力会随之增大，加上心理的承受能力不足，就容易产生各方面的不适，甚至产生不良后果。其次是对挫折的心理承受能力弱，在学习、生活各个方面遇到挫折时只是倍感无力、一味逃避，不能主动面对。

二是自我评价障碍。大学生要客观地认识自己、评价自己才能正确地看待自我，摆脱困扰。一些大学生对自己评价过高，认识问题片面而固执，对他人、对社会的要求完全高过对自身的要求，期望越高往往失望越大，长此以往会让他们对自己产生怀疑、感到悲观，变得不自信。还有一些大学生对自己评价过低，自卑感相当强，觉得自己各个方面（如成绩、长相等）都不如别人，在遇到挫折时也更容易怀疑自身价值，对自己失去信心，思想变得消极，从而导致怀疑自己的能力，甚至对一切都不感兴趣。

三是个性心理问题。首先，大学生正处在青春期，情绪不稳定，波动较大，心理发育还不够成熟。其次，大学生的心理较脆弱，离开校园迈向独立生活的道路，会因为遇到困难和挫折就灰心丧气，消极低沉，甚至出现心理疾病。

四是人际关系不适。进入大学后，人际关系逐渐社会化、复杂化，加之远离原来熟悉的生活与学习环境，使一些学生感到不适应。在"目前，你感到最苦恼的事"中有80%的学生的回答涉及人际关系。每个学生的性格、说话方式、生活习惯等是不同的，因而在人际交往过程中难免就会产生误会与分歧，引发学生的焦虑心理及学生之间的猜忌等问题，不利于他们的健康成长。

高校心理咨询的方法。对大学生的心理健康问题进行思想教育，必须通过一定的途径来实施，也必须通过有效的方法来进行。

（二）21世纪以来大学生常见的心理问题

一是开设心理健康指导课程，提高学生的理论素养。在对大学生的专业课程教育的同时，要重视对他们心理健康的教育，普及心理健康方面的知识，正确认识自己、优化自身心理、增强人际关系。在入学之初开设心理健康指导课程，也可以让大学生更好更快地适应并投入到新的学习生活环境中来。

二是定期对大学生心理健康问题开展普查，及早了解学生的心理问题并加以预防。一方面，对刚入学的新生进行心理健康普查，对其心理健康状况进行全面掌握，出现问题也可以及时制定措施来解决。另一方面，对在校生的心理健康进行定期检查，有计划、有针对性地进行心理治疗。

三是树立教师的心理健康意识。学校应重视树立教师的心理健康意识并增强教师的心理健康意识，让教师们在平时的教学课堂中融入相关内容，让学生在潜移默化中增加对于心理健康知识的需求。

使他们了解学生的心理特点，并自觉将心理学知识和方法运用于教学中。增强全员教师的心理健康意识，是完成心理素质教育系统工程的必要途径。

四是加强宣传教育，引导学生自我完善。学校应通过各种方式进行传播、教育，引导大学生优化自身心理，帮助他们树立正确的人生观和价值观，并拥有乐观向上的生活态度，同时也要参加各种社会实践活动，及早适应复杂多变的外部环境，锻炼自己，提高适应能力，为今后真正走向社会做好基础工作和心理准备。

四、21世纪高校的心理健康教育

21世纪以来，我国绝大多数高校开设了心理健康教育专业及相关研究方向，并设置了心理咨询中心、心理健康辅导中心或心理健康教育中心等专职服务机构，我国高校心理健康教育工作步入了全面、深入、多元的发展阶段。

到了20世纪90年代，我国大、中、小学生的心理健康问题日渐增多，心理健康教育逐渐受到了全社会的关注，心理咨询工作得到讯速发展，成为思想政治教育的重要内容。1994年8月31日中共中央颁布的《关于进一步加强和改进学校德育工作的若干意见》更是第一次明确提出了"心理健康教育"一词，把"指导学生在观念、知识、能力、心理素质方面尽快适应新的要求"作为新形势下的"学校德育工作需要研究和解决的新课题"，"要积极开展青春期卫生教育，通过多种方式对不同年龄层次的学生进行心理健康教育和指导，帮助学生提高心理素质，健全人格，增强承受挫折、适应环境的能力。"在国家政府及相关部门的支持下，我国高校心理健康教育得以迅速普及和发展。

2004年，中国疾病控制中心和精神卫生中心公布的统计数据表明，有16%—25%的大学生有心理障碍。2011年，由大学生杂志社、中国大学生网公布的《2010—2011年度大学生心理健康调查报告》显示，九成多的大学生有过心理方面的困扰，其中27%的大学生认为自己经常有心理方面的困扰。由上述调查结果可知，大学生的心理健康状况已经成为影响大学生正常学习与生活的重要因素。

一是环境适应问题。出现这一问题的大多数是新生，大学校园与高中校园的不同会让他们感到惊慌，地域的不同会让他们感到迷茫，生活方式的不同会让他们感到无措，一切的不同使得他们很难适应新的生活，从而产生心理障碍。

二是学习方面的心理问题。大学生的学习时间、学习内容、学习方式与高中时的完全不同，如果不能转变学习方法与学习态度就会很难适应，一部分大学生会产生各方面的心理问题，如自卑、厌学等，严重影响着大学生的心理健康与正常学习。

三是人际交往中的心理问题。大学生在人际交往过程中，一部分大学生以自我为中心，说话做事从不顾及他人，不能宽以待人，从而在于他人交往中会遭受挫折；也有一部分大学生过于势力，以是否对自己有利来判断交往的对象，与他人交往目的性太强，长此以往，只会遭到大家的疏离。

四是求职就业问题。就业是民生之本，随着我国高校教育制度的改革，就业政策也随之发生很大的改变，形成了自主择业的新型就业模式。大学生在求职择业时会产生一些心理问题，如缺乏勇气与自信、不能对自己正确定位、逃避现实，等等。在面临择业时，要积极面对，对自身进行正确的评价，掌握专业的技能，强化自己的心理素质，提高求职就业的成功率。

高校对其进行教育的手段和方法。大学生是民族的希望，是祖国的未来。高校应认真学习马克思列宁主义、毛泽东思想和中国特色社会主义理论体系，加强思想政治教育工作，全面落实党的教育方针，以理想信念教育为核心，以爱国主义教育为重点，以思想道德建设为基础，以大学生全面发展为目标，坚持以人为本，贴近生活，努力提高思想政治教育的针对性、实效性，增强大学生的综合素质。大学生的心理素质影响其综合素质的发展，因此，要用正确有效的方法和途径来加强大学生的心理素质，从而提高其综合素质。

首先，开设大学生心理健康课程。2011年5月28日教育部颁发的《普通高等学校学生心理健康教育课程教学基本要求》，要求各高校要根据学生心理健康教育的需要，结合本地区、本校的实际，制订科学、系统的教学大纲和教学计划，组织实施教育教学活动，保证学生在校期间能普遍接受心理健康课程教育。开设大学生心理健康课程能够正确引导大学生认识、学习相关知识，并以此来提高自身的心理健康素质。

其次，举办大学生心理健康知识讲座。在讲座现场还可以通过游戏、互动的方式来加深大家对心理健康知识的认识，更加生动有趣地表现出复杂的知识理论，加深大学生的印象。

第三，建立高素质的心理健康教育队伍。心理健康教育应该融入学校教育与教学工作的全过程。我们既要加强心理学专业教师的心理健康教育，也要增强非专业教师的心理健康教育意识和能力，持续开展心理健康教育，真正提高大学生的心理素质。

第四，大学生心理健康教育工作的网络化。网络时代的到来给人们的生活、工作和学习带来了新方式的同时也带来了便利。随着互联网的普及，大学生心理健康教育工作实现了网络式发展，他们可以通过心理咨询软件来自我测试，用在线文字、语音咨询或者用电子邮件咨询，也可以通过电话咨询，心理健康教育工作的网络化能够更好地保护学生的隐私，加强心理健康教育工作的效果。

第五，开展课外活动项目与社会实践活动。大学生要多多参与健康向上的课外活动，不仅能够培养自己的兴趣，还能愉悦自己的身心。同时，大学生也要多多参与社会实践活动，不仅能丰富自身的经验，还能开阔自己的视野。

五、加强大学生心理健康教育的指导意义

加强大学生心理健康教育，是培养高素质人才的必然要求，优化大学生的心理素质，提高大学生综合素质的有效方式。

第一，加强大学生心理健康教育，是社会进步和时代发展的迫切要求。科学技术的进步和社会的飞速发展让人们学习、工作和生活的压力越来越大，因此产生的心理问题也不断增多。特别是近年来，人们的物质生活变得富足的同时，产生了越来越多的心理问题，如焦虑、抑郁、迷茫，等等，大学生中也出现了这些情况，这完全影响到了他们正常的生活、学习和工作。加强大学生的心理健康教育已经成为社会发展的必然要求。

第二，加强大学生心理健康教育，是全面实施素质教育的重要内容，是提高大学生综合素质的有效方式。中共中央、国务院在《关于深化教育改革、全面推进素质教育的决定》中指出："在全面推进素质教育中，必须更加重视德育工作，加强对学生的心理健康教育。"加强大学生心理健康教育是提高大学生综合素质的有效方式。《中国教育改革和发展纲要》强调：要"面向全体学生，全面提高学生的思想道德、文化科学、劳动技能和身体心理素质，促进学生生动活泼地发展。"当代大学生应该提高自身的心理素质和综合素质，有效缓解内在及外在压力，加强对环境的适应能力，谋求更好地发展。

六、加强大学生心理健康教育的措施

注重对大学生内心世界的启迪。在马克思主义看来，事物的发展由内因和外因共同作用，而真正起作用的还是内因，内因是基础和事物将要发生的一切改变的出发点，也就是说，如果个体未能通过自身的修炼使自身的道德水准获得提升，那么，即便外界环境在围绕着这一事物做着同等形式的努力，所能够取得的效果也必将是有限的，甚至是事倍功半的。由此可见，内修在这一过程中的重要性是十分显见的。为了实现这一点，首先需要通过教育和实践增强大学生的理想和信念，使其真正成为其人生的精神支柱，使其人生的目标更加明确，对现实世界更加怀有好奇心，精神饱满，胸怀大志，对生存和发展问题能够进行理性的思考，这样的人生才有存在的意义。

注重社会主义核心价值观的引导。在社会转型期，对大学生进行心理健康教育需要注重对其社会价值观的纠正，通过普法教育和全社会的共同关注，改变旧有的但依然盛行的腐化观念，号召全社会成员积极参与社会活动，从中树立和重建新的社会价值观，或者实现社会价值观的及时回归。在这方面，我们完全可以效仿其他国家的做法，在青少年中间宣扬民族精神和社会的正确价值取向。比如，德国始终坚持对青少年进行"民

族性格"和"善良教育"的培养，事实上，这种坚强的日耳曼民族传承也在近几个世纪以来取得了印证，当然，其中一些给世界带来了不可磨灭的灾难。其实，这些做法都值得我们借鉴，或者，需要我们重新在将他们丢弃的荒野重新拾起，将民族精神、道德理论、入世态度重新披盖于当代大学生的身心，使其在纷繁复杂的世界中"独善其身"。

21世纪以来，我国的高等教育正在进一步的变革，人们更加意识到心理素质在培养大学生综合素质中的重要作用。在新的形势下，只有更深入地研究大学生心理健康问题、创新大学生心理健康教育机制、保证大学生全面健康发展，才是今后的重要课题和努力方向。我们要充分认识到大学生心理健康及其教育的重要性和必要性，切实做好大学生心理健康工作，提高大学生的心理水平和心理适应能力，增强大学生的综合素质，为培养高素质人才做出贡献。

第二节　我国心理健康教育课堂教学的问题

课堂教学作为我国大学生心理健康教育的主要渠道在高校心理健康教育工作中发挥着独特作用，但也面临着诸多困境。本节分析我国大学生心理健康教育课堂教学效果欠佳的原因与问题，包括未体现出心理健康教育课特色、内容针对性不足、不符合大学生不同发展阶段的需求等，据此提出了"面与点相结合"的教学模式，即在概述心理健康重要领域的基础上，根据学生的心理发展现状和发展需求对不同学生群体进行有针对性的教育指导。

大学阶段是个体人生转折与发展的重要时期，也是学生心理问题的高发阶段。由于学业竞争、择业困难、人际及恋爱关系等方面的压力，大学生心理问题检出率呈现出居高不下的态势，大学生心理健康教育也越来越受到重视。2001年教育部颁发《关于加强普通高等学校大学生心理健康教育的意见》，将课堂教学作为我国大学生心理健康教育的主要渠道。2011年，教育部又相继颁布了《关于印发〈普通高等学校学生心理健康教育工作基本建设标准（试行）〉的通知》和《关于印发〈普通高等学校学生心理健康教育课程教学基本要求〉的通知》，进一步明确了课堂教学在我国大学生心理健康教育工作中的地位和作用。然而，课堂教学作为目前我国大学生心理健康教育的主要渠道，在教学效果方面尚不尽如人意，例如有教师与研究学者指出，目前的课堂教学难以满足学生真正需求，①学生对心理健康课的看法由开始的"感兴趣，很好奇"变成了"没意思，没用处"，②对心理健康课由最初的热望变成最后的失望。③本节将对目前我国大学生心理健康教育课堂教学中存在的问题展开讨论，并据此提出改革模式，供进一步探讨。

一、我国大学生心理健康教育课堂教学的独特性与重要性

经济发达国家的大学生心理健康教育起步早、发展快，逐步从早期的矫正性治疗发展到当前的预防、发展性指导，其心理健康教育的服务途径则主要包括职业和学业选择指导、学习咨询、学生的社会问题和情绪问题咨询、对问题学生进行行为治疗和具体的学业指导等。我国大陆地区的大学生心理健康教育工作起步较晚，且存在学生基数大、专兼职教师不足、专业机构缺乏、心理咨询与治疗污名化程度严重等诸多困难。经过二十多年的发展，我国大学生心理健康教育工作的领域逐步拓宽，水平不断提高，在借鉴国外先进理念的基础上结合我国实际国情和本土化特色，形成了以课堂教学为主，兼具个体咨询、团体辅导的大学生心理健康教育模式。

以课堂教学作为我国大学生心理健康教育的主要渠道具有重要的意义与作用。一方面，课堂教学是解决我国高校学生基数大、心理健康教育专兼职教师数量不足的有效途径。据调查，我国心理健康教育专兼职教师与学生的比例约在两千分之一到三千分之一之间，远低于台湾的六百分之一以及日本的千分之一，因此，只有通过课堂教学渠道才能让更多学生接收到心理健康教育与指导。另一方面，课堂教学也是在当前心理咨询污名化严重背景下开展心理健康教育的有效渠道。调查显示，我国大学生心理健康现状不容乐观，使用UPI测查工具检出的一类学生（具有严重心理问题的学生）人数接近学生总数的1/3，除此外还有更多存在潜在心理困扰的学生。然而，事实上只有极少量的学生能主动寻求个体心理咨询服务，更多存在心理问题和潜在心理困扰的学生因不了解自己的心理状态，或担心被贴上"心理有病"的标签不敢寻求专业帮助。相较而言，心理健康教育课堂教学的形式更容易被学生所接纳，能够为广大学生提供发展性指导，预防心理问题的产生，也为存在心理问题和潜在心理困扰的学生提供自我矫正与恢复的方法。

二、当前我国大学生心理健康教育课堂教学中存在的问题

形式上多为大班教学，未能体现出心理健康教育不同于传统学科教学的特色。心理健康的标准不是个体掌握了多少"正确"的心理健康知识，而是是否拥有积极的情感体验、适度的情绪表达与控制、切合实际的生活目标、完整与和谐的人格、恰当和清晰的自我认识、良好的人际关系，等等。因此，与重视学科逻辑结构和知识体系的传统学科教学不同，心理健康教育课应是集心理知识的传授、心理活动的体验、心理调适技能的训练为一体的综合课程，尤其重视学生的自我体验、分享以及在生活中的实践应用。但目前大学生心理健康教育普遍采取的是大班教学的形式，每个教学班包括2～3个行政

班级约100余名学生。伴随大班教学的一大问题是课堂互动受限，课堂上教师多以单向的知识讲授为主，将心理健康教育课定位为心理健康知识的普及课，难以开展丰富多彩的体验式活动以及组织有效的分享讨论，使课堂失去了应有的活力。

内容上丰富全面但针对性不足，未能就学生发展现状进行深入指导。从内容上看，目前大学生心理健康教育课涉及的范围是很全面的，包括了心理健康的基础知识（如心理困扰与异常心理的识别、心理咨询介绍等）、自我认识与发展（如自我意识培养、人格发展等）以及各类心理调适能力（如学习、恋爱、就业、压力应对、生命教育等）。这些内容基本涵盖了大学发展阶段个体心理健康的方方面面，提供了从预防、指导到矫正、治疗的多方面知识与技能。然而，大学生心理健康课一般只有32～36个学时，平均到每个主题就2～3个学时，如果每个主题都从基础知识点到活动体验与讨论再到实践应用，各环节都只能蜻蜓点水浅尝辄止，很难真正给学生带来触动，起到有效的指导作用。事实上学生心理发展的短板和需求是各不相同的，比如有的学生可能在人际关系方面有更多困扰和需求，而有的学生则在学业或发展方面需要更多的指导，这也就要求心理健康教育课不能仅仅"全而泛"，应做到面与点相结合，在对重要主题领域进行概述的基础上，依据学生的发展现状和需求进行有针对性的深入指导。

设置上课堂教学集中在大一完成，不符合大学生不同发展阶段的需求。个体是不断发展变化的，心理也是随情境动态变化的，在发展的不同阶段学生遇到的典型问题可能存在不同。例如，一般大一新生的问题突出表现为新环境适应困难，难以应对各类变化；大二阶段开始涌现各类人际关系问题、恋爱困扰；大三阶段最突出的问题表现为学业倦怠、迷茫、生涯规划困扰；大四学生则最需要压力与挫折应对、就业困扰方面的指导。可见，心理健康课不是一劳永逸的课程，应伴随学生的整个大学生活。但就目前大学生心理健康教育课的开展来看，课程往往被安排在大一进行，只有极少学校还开设了全校范围的心理健康方面的选修课，大一之后学生便很难再接触到心理健康相关的学习。这样一方面导致心理健康教育课的学习内容与大一学生的发展特点不匹配，课堂教学内容与学生主体缺乏共鸣，难以激发学生的体悟和学习兴趣；另一方面，当学生进入新的发展阶段，有相应的心理困扰和指导需求时，缺乏获得预防和发展性指导的途径，导致大量学生出现心理问题或疾病症状。

三、大学生心理健康教育课堂教学的模式探索

基于上述我国大学生心理健康教育课堂教学的独特作用和既有问题，本节提出发展"面与点相结合"的大学生心理健康教育教学模式。一方面，压缩既有"面"的普及教

育内容，即心理健康基本知识、自我认识与发展以及各类心理调适能力等重要领域的一般知识与技能学习；另一方面，增加"点"的针对性指导，即针对学生心理适应发展相对较弱的领域以及不同发展阶段的需求，在不同领域进行更深入、有针对性的学习。在现有课堂教学的基础上，主要进行以下几方面改进。

基于学生的心理发展现状分班教学，对不同学生群体进行有针对性的指导。大一阶段除进行传统心理健康重要领域的普及教育外，还应增加基于学生发展现状的针对性指导。实践操作上可基于新生心理健康测评结果为分班教学提供依据。例如教育部组织专家编制的《大学生心理适应量表》，从人际关系适应、学业适应、校园生活适应、择业适应、情绪适应、自我适应、满意度七个维度评估大学生在不同领域的心理适应现状。基于测评结果可以将大一新生按照适应困扰最突出的领域进行分班，进而对具有相同适应问题和需求的学生进行有针对性的指导。

根据学生不同发展阶段的需求，在其他年级开设心理健康延伸教育选修课程。课堂教学途径在我国大学生心理健康教育中的独特作用也对心理健康教育课提出了更高的要求，即需要伴随学生的整个大学生活。除大一以外，有必要针对不同年级学生发展的主要任务和需求开设相应的心理健康延伸教育课程，供有指导需求的学生选修。延伸课程亦属于"点"的指导，是围绕某一具体领域展开的深入而有针对性的指导，以体验活动和讨论小组为主，注重培养学生实际应用和解决问题的能力。

通过培训有条件的辅导员、聘请专家讲座等多元途径克服师资力量不足的困难，实现课堂教学的新模式。无论基于学生心理发展状况分班教学，还是开设心理健康延伸教育选修课程，都涉及需要更多心理健康教育师资力量的问题。在"面"的普及教育中，主要以加强既有专兼职心理健康教师的专业技能和教学技能培训为主，促进更丰富和有效的课堂教学手段；在"点"的针对性指导中，可通过更为灵活多样的方式补充师资力量，例如发展、培训有条件的辅导员参与到某些自身擅长领域的心理健康教育课堂教学中，充分调动社会资源，聘请相关领域的专家举办专题讲座或各类活动来折合学时等。

第三节　心理健康问题与危机干预

随着我国社会经济的迅猛发展，大学生所承受的心理压力越来越大，致使他们的心理健康问题也愈来愈严重。基于此，大学生的心理健康问题必须得到高校乃至社会的高度重视，并构建行之有效的大学生心理危机干预机制，这不仅有利于帮助大学生重新构建健康的心理，还有利于推动高校乃至社会的和谐稳定与发展。由此可见，深入探索大学生心理健康问题与危机干预是很有必要的。通过概述大学生心理健康与心理危机，分析大学生心理危机的成因，探究大学生心理危机干预模式，并提出大学生心理危机干预对策，以供人们参考。

大学生的心理健康问题，不仅会影响到大学生的学业与生活，甚至还会危及大学生的生命。由此可见，大学生的心理健康问题应该得到高校乃至社会的广泛关注。如何应对大学生的心理危机，已成为当前各大高校无法回避的紧迫问题。所以，对大学生心理健康问题与危机干预进行深入的探索是很有必要的，它对大学生的健康成长是很有帮助的。

一、大学生的心理健康与心理危机

要想更好的概述大学生的心理健康与心理危机，就必须从以下两方面着手：第一，大学生心理健康的现状；第二，大学生心理危机类型。

大学生心理健康的现状。从目前来看，并不是所有的大学生都有严重的心理健康问题。很多大学生在遇到困难的时候，还是较为乐观的，他们通常会持以积极的心态去解决所遇到的困难。然而，还有很多大学生缺乏健康的心理，这些大学生在遇到挫折的时候，是十分消极的，他们一般都会有较为严重的心理问题，甚至会有一定的自杀倾向，这对大学生的健康成长来说是非常不利的。由此可见，大学生的心理健康问题具有一定的普遍性，高校乃至社会必须对其加以高度重视，若不及时采取对策，是很难推动高校乃至社会的和谐稳定发展的。

大学生心理危机的类型。大学生心理危机类型主要分为以下两类：第一，发展性危机。它主要是指大学生在个体成长发展阶段可能出现的危机，例如，生活意义与生命价值感悟的问题、环境与人际关系适应的问题、现实自我与理想自我的问题、就业与求学的问题等，这些问题通常源于大学生的内在影响因素，并且具有一定的自我调节性和内生性；第二，情境性危机。它主要是指大学生在日常生活中可能出现的危机，例如，暴力伤害、考试失利、遭遇亲人离逝、班干部竞选失败以及失恋等，这些问题一般源于大学生的外在影响因素，并且具有一定的突发性和外生性。从目前来看，大学生遇到发展性危机的概率是比较大的，但是危害性却不大；而大学生遇到情境性危机的概率相对来说是比较小的，但是危害性却较大，一旦遇到，其后果不堪设想。

二、大学生心理危机的成因分析

大学生心理危机的成因主要体现在以下两方面：第一，主观原因；第二，客观原因。

主观原因。在突发事件和外部环境都相同的情况下，每个大学生都会有不同的应对方式和心理承受能力。一些大学生就算遇到困难也不退缩，反而会迎着困难去克服它，在此过程中，不仅磨炼了意志，还获得了更好的自我发展。然而，还有一些大学生在遇到困难时，会产生怯懦的心理并选择逃避，此时的他们并不能做出正确的决定，致使他们一直沉浸在消极的情绪里，最终会造成很坏的后果。由此可见，主观原因是导致大学生心理危机的主要成因。而主观原因大致包括以下几种：第一，自我认知与思维模式错位。由于大学生尚未建立正确的人生观、社会观以及价值观，所以，他们很难客观的评价自己，自我认知差且无法控制自己的情绪，一旦遇到挫折，就会陷入无止境的负面情绪里，一旦获得奖赏，就会出现自我崇拜的心理状态。除此之外，大学生也难以形成发散式的思维模式，在认识事物和分析问题时，他们往往只顾眼前利益，并不能把眼光放的长远；第二，个性缺陷。个性缺陷不仅与先天遗传因素有关，还受后天社会环境因素的影响。从目前来看，很多大学生既没有良好的人际关系，又缺乏丰富的生活经验，所以，这些大学生很容易出现个性缺陷。不管是在生活上还是学习中，他们都没有较强的心理承受能力，一旦遇到困难，就会惊慌失措。甚至还有一些大学生难以适应校园生活，自闭心理很严重，这些大学生一旦受到刺激，就会丧失理智，伤害他人；第三，抗压能力差。由于大学生尚未完全的步入社会，所以，他们还在憧憬着美好的未来与理想，向往着纯真的友谊与爱情，但是社会往往是残酷的，当真正步入社会之后，他们很难接受如此巨大的反差，适应的大学生会继续生存下去，而适应不了的大学生则会被社会淘汰。

客观原因。困难和挑战是大学生在日常生活与学习中无法避免的，若大学生不能及时解决这些困难和挑战，就很有可能引发心理危机。而这些困难和挑战主要来自于以下几方面：第一，学习方面的压力。从目前来看，很多大学生都没有明确的学习目标，致使他们在学习中不思进取，最终导致学习成绩不够优越，又由于学习成绩直接影响着他们的未来，所以，他们在学习方面会有一定的压力，久而久之就会造成心理危机；第二，人际交往方面的压力。集体宿舍生活对于一直被父母娇生惯养的大学生来说并不适应，这些大学生都有着各自不同的文化习俗和生活习惯，相处久了，必然会引起纷争。所以，他们在人际交往方面会有一定的压力，久而久之就会引发心理危机；第三，就业方面的压力。随着时代的进步，社会也对人才提出了更多的要求，不仅要求他们具备丰富的专业技能，还要求他们具有一定的综合素质，这就使得各大高校不断的革新就业制度，致使大学生的就业压力不断增大，久而久之就会产生心理危机。

三、大学生心理危机干预模式

对于大学生心理危机干预模式来说，主要包含以下几种：第一，认知模式；第二，平衡模式；第三，心理社会转变模式，具体分析如下：

认知模式。认知模式主要适用于大学生心理危机状态基本平复，使其逐渐接近于危机发生前的心理平衡状态。认知模式认为，大学生的心理健康之所以会受到心理危机事件的影响，就是因为大学生对心理危机事件进行了错误思维，而并非心理危机事件本身。

平衡模式。平衡模式主要适用于大学生心理刚刚发生的时期。平衡模式认为，发生心理危机的大学生，其心理状态本是较为平衡的，正是由于心理危机事件的来临打破了大学生的心理平衡，他们感到所要面对危险事件不能用以往的应对机制进行解决，最终导致他们出现严重的心理健康问题。

心理社会转变模式。心理社会转变模式认为，大学生在遗传天赋和社会环境的影响下，不仅具有自然属性，还具有一定的社会属性。由于大学生生活的社会环境会随着他们的成长而不断发生变化，所以，大学生的心理危机既与内部困难有关，也与外部困难有关。除此之外，心理社会转变模式，不仅有利于解决大学生的心理健康问题，还有利于指导大学生的心理危机干预。

四、大学生心理危机干预对策

加强大学生的心理咨询工作。要想干预大学生的心理危机，就必须加强大学生的心理咨询工作，通过开展心理咨询工作，为大学生创造一个发泄情绪的平台；通过咨询师的不断引导，为大学生重拾信心奠定基础；通过构建完善的专业心理咨询辅导机制，为大学生提供专业的心理咨询服务。

构建心理危机信息反馈系统。要想建立健全心理危机信息反馈系统，高校就必须从以下几方面入手：一是构建心理危机处理的信息沟通制度；二是构建心理危机应急处理中的快速支援制度；三是构建心理危机预兆识别预警制度；四是构建心理危机干预机构值班制度。只有这样，才能及时掌握各种心理危机情况，从而有效抵御大学生的心理危机。

建设心理危机预防制度。首先，高校应该加大力度宣传大学生心理健康与心理危机知识，以此来帮助大学生提高应对心理危机的能力；其次，高校应该积极组织教师和辅导员参加相关的专题培训，以此来帮助教师和辅导员提高识别心理危机的能力，这对干预对策的有效实施来说是十分有利的。

营造良好的校园环境。一方面，高校应该定期开展各种各样的社会实践活动和校园文体活动，为大学生提供一个可以施展自身才华的平台；另一方，高校还应该加大宣传力度，不断调动大学生的主观能动性，使大学生能够积极地参与到这些社会实践活动和校园文体活动中，让他们一直处于身心愉悦的状态，这对干预大学生的心理危机来说是很有帮助的。

总之，深入探索大学生心理健康问题与危机干预是尤为重要的。通过概述大学生心理健康与心理危机，大学生心理健康的现状，大学生心理危机的类型。分析大学生心理危机的成因，主观原因，客观原因。探究大学生心理危机干预模式，认知模式，平衡模式，心理社会转变模式。并提出大学生心理危机干预对策，加强大学生的心理咨询工作，构建心理危机信息反馈系统，建设心理危机预防制度，营造良好的校园环境。只有这样，才能全面提高大学生的心理素质，从而促进大学生的健康成长。

第四节　朋辈心理辅导研究

　　大学生朋辈心理辅导是我国大学生心理健康教育的积极探索。我国在其模式途径、效用评估、现状及其影响因素等方面的研究已取得阶段性成果。但从内涵发展、研究方法、研究类型等方面对我国大学生朋辈心理研究成果进行梳理分析，发现其定量研究少且质量不高；相关干预效果研究思路不够全面，研究方式单一，缺乏验证持续性作用的追踪研究和提供全面数据的现状差异调研，缺乏中外朋辈心理辅导效果的跨文化比较；朋辈心理辅导概念界定不清，缺乏全国性的规范化指导标准等问题，在研究方法、研究思想、研究理论上可不断改进，拓展研究空间。

　　从2003年华南农业大学组建的第一个朋辈心理辅导机构——"阳光加油站"，到2013年中国人民大学与斯坦福大学合作建立的"桥"朋辈心理咨询课程，10年间，我国高校开始逐步推进朋辈心理辅导工作，研究成果也逐渐丰富。本节以2005—2015年期间的《中国期刊全文数据库（CJFD）》的相关文献为依据，从朋辈心理辅导的内涵、研究方法、研究类型等方面，对我国高校朋辈心理研究的现状予以介绍和评价，并就未来研究方向进行展望。

一、朋辈心理辅导的概念及其发展

　　朋辈心理辅导（peer counseling）起源于20世纪60年代的美国。作为对备受压力的美国青少年的心理援助资源，美国精神卫生领域掀起了一场以朋辈咨询为主的非专业心理咨询变革，威兰德发表了朋辈心理咨询的首篇论文。1984年，集聚全美501个朋辈心理咨询推广合作伙伴的"全美朋辈教育联合会"（the National Association of Peer Programs）成立了。在美国，朋辈心理辅导有很多名称，如朋辈心理咨询（peer counseling）、辅助性咨询（para counseling）、半专业咨询（Para-professional counseling）、朋辈帮助（peer helping）、同伴教育（peer education）等。美国学者对朋辈心理辅导的内涵界定主要强调提供专业培训、朋辈式支持与朋辈领袖示范。如马歇尔夫提出"朋辈心理咨询是非专业心理工作者经过选拔、培训和监督向寻求帮助的年龄相当的受助者，提供具有心理咨询功能的人际帮助的过程"。目前，朋辈心理辅导被广泛运用于全美校园，主要形式为朋辈电话和门诊咨询、朋辈调解（peer mediation）、朋辈伴读（peer tutoring or mentoring）、朋辈健康教育（peer health education）等。

20世纪70年代，中国港台地区的学校率先引入朋辈心理咨询范式。在台湾，朋辈辅导多被称为"同侪辅导"。庄涵认为：同侪辅导是半专业的助人者对其他学生提供倾听、同理与经验分享，以协助同学探索自我、适应环境，增进自我成长的一种咨询方式。90年代起，香港高校利用"学友计划""友伴fun享计划""朋辈辅导训练课程"等方式推广朋辈支持和帮扶计划。台湾学者也进行了大量的学校朋辈心理咨询的实证研究，特别强调对朋辈辅导员的系统训练和评估。目前台湾地区73%的高校都已建立了朋辈心理咨询组织。与港台相比较，内地的朋辈辅导总体起步晚，发展快，尤其是在高校。最早有关朋辈心理的表述由陈国海提出，他认为朋辈心理咨询是在人际交往过程中人们互相给予心理安慰、鼓励、劝导和支持，提供一种具有心理咨询功能，可以理解为非专业心理工作者作为帮助者在从事一种类似于心理咨询的帮助活动。与美国的概念界定相比较，中国的概念界定更笼统、限制更少、更少强调专业培训、更多的思想政治教育的韵味。但结合国内外的研究来看，朋辈心理辅导都具有"同龄参与""自助助人""心理支持""半专业培训"的特点。

二、大学生朋辈心理辅导的研究

（一）研究方法

目前，我国对于大学生朋辈心理辅导的研究成果多为思辨的质性探讨，主要集中在对朋辈心理辅导的效用分析、模式探讨、实施途径等方面。大多数的学者认为朋辈心理辅导与专业心理咨询比较，具有自发义务性、亲情友谊性和简便有效性的优势，因此既能够缓解大学生心理咨询需求量大而高校专业咨询师少的困境，又是一条提高心理健康教育实效的捷径；也有学者提出朋辈心理辅导是增强大学生社会支持的新途径，对大学生心理危机干预有积极作用。针对朋辈心理辅导的模式和途径，一些学者提出了不同构想。有采用"心理咨询师—辅导员—朋辈组长—新生宿舍"的阶梯式分层心理互助模式进行大学新生入学适应教育；有提出建构宣传、熏陶、帮助、咨询、干预活动的五位一体的大学生公寓朋辈心理帮助体系；有提出开展互助式心理训练、互助式心理咨询、互助式心理辅导、互助式心理激励的立体化朋辈心理辅导模式。但是现有的研究更多的是对朋辈心理辅导的构想，提出的具体操作方式没有验证辅导之效果，研究质量不高。

2010年后，更多学者开始用量化研究探索朋辈心理辅导在我国高校的应用，对其现状、作用、评估工具等方面都进行了一些实证研究。许多研究都用自编问卷对所在高校的朋辈心理工作进行了基础调研，收集到各地高校学生对朋辈心理工作的接纳度、各校朋辈心理工作开展的深度及广度、朋辈心理辅导员培训前后的角色认同和人格变化、接受朋辈心理辅导后的个体或集体的心理素质改变情况等数据资料。量化研究的增多推动了对朋辈心理相关工具的研究。葛缨验证了自编《大学生朋辈心理辅导调查问卷》的内容和结构，提出大学生朋辈心理辅导包含主观认知与客观资源两方面以及内涵理解、人员要求、辅导作用、辅导原则、客观资源、财力支持、人员支持、设施支持等维度；李云霞、曹玮依据朋辈辅导员的胜任力水平和培训需求编制了《高校朋辈心理辅导员胜任力问卷》和《基于胜任特征的高校朋辈辅导员培训需求问卷》；单云丽则以模糊评价法建立了朋辈辅导员绩效考核层次结构模型用来考核其工作效果。

（二）研究类型

综观文献，有关朋辈心理辅导的研究类型可以从内容取向和过程取向两个方面展开。内容取向的研究者主要以关注朋辈心理辅导的内容为主要导向，如形式、培训课程建设等问题；过程取向的研究者则关注朋辈心理辅导过程的现状、作用、评估及影响因素等问题。

1. 朋辈心理辅导形式的研究

由于结合了心理健康教育和思想政治教育的形式，朋辈心理辅导的形式丰富多样。但在文献中的称呼略有不同，如"内容""途径""方法"等。依据辅导群体的不同，分为朋辈个体心理辅导和朋辈团体心理辅导，多数学者认为团体形式更能体现朋辈辅导的便捷和有效性；依据辅导方式的不同，分为面谈和非面谈方式，其中非面谈方式包括网络心理辅导、热线咨询、书信辅导等，多数学者认为非面谈形式更利于展现大学生的真实感受从而找出问题的真正原因，同时非面谈方式不受时空限制，隐蔽性强，而更受大学生欢迎；依据辅导载体的不同，又有社团、班级、寝室和楼栋等多种朋辈心理辅导平台，其中以班级心理委员开展的朋辈心理互助活动推广性最强、影响力最大。

2. 朋辈心理辅导课程的研究

一些研究针对朋辈辅导员的选拔、培养、管理提出了不同方案。例如，根据不同年级朋辈心理辅导员的成长水平，搭建"阶梯式多元化"朋辈心理辅导员训练平台；将案例教学法、团体心理辅导、素质拓展活动引入心理委员培训，从而提高心理委员培训的实效性与趣味性；设计基于朋辈辅导员胜任特征结构或者基于积极心理学理念和人本主义的培训课程；华南理工大学还开发了"教学在线"的朋辈心理咨询网络教学平台。

3. 朋辈心理辅导现状的研究

研究发现，不同地域的大学生朋辈心理辅导的发展水平是不同的，北京、长三角、华南开展时间较早，发展程度较好，但存在认同度高，了解度、参与度、满意度低的情况。例如，胡宇、成静、钟向阳分别对北京、南京、广州三地的高校朋辈心理工作进行问卷调查后发现，60%的同学认为增设心理委员有必要且整体素质优良，83%的同学认为朋辈心理辅导对其大学阶段的成长有一定帮助；但40%的心理委员不知具体操作而常被认为不作为，心理委员制度的危机干预作用受限。虽然心理委员工作积极性不高，工作的自我效能感较低，但对工作价值、人际关系满意度、自我的素质和个人能力提升满意度较高。同时多数朋辈心理辅导员存在角色冲突困扰，主要因为学校与同学对其接受度和期望存在较大落差；同时由于缺乏朋辈辅导督导与评价体系，其持续成长需求与反馈需求不能被满足。

4. 朋辈心理辅导效果的研究

随着各大高校开始开展朋辈心理辅导，研究者也逐渐开始关注朋辈心理辅导的实际效果和作用，该类研究主要集中在新生适应、危机干预、生涯规划等方面。例如吴素梅、侯玉婷、李虹岳等印证了朋辈心理辅导对大学生社交焦虑、自尊、异性交往、寝室关系等具有显著的效果，且影响力持续3个月以上。林静、朱美燕均发现朋辈心理辅导员在校园危机干预中具有重要作用，尤其是可以提供延伸帮助和危机干预后心理支持的作用。除此之外，朋辈心理辅导还有助于改善学习倦怠，提高毕业生的心理适应能力，在贫困大学生心理健康工作中也有所应用。

5. 朋辈心理辅导角色的研究

过程取向的另一个视角是朋辈心理工作者。李云霞提出高校朋辈辅导员的胜任力由职业性格特质、人际沟通与协调、成就导向、职业态度和品质、自我成长的特质、广泛的相关知识和经验六个维度构成；来燕提出由自信心、人际沟通、自控力、影响力、概念性思考和专业知识6项特征组成的心理委员胜任模型，两人均在自建模型上编制了胜任特征问卷。龚琛琛发现心理委员的胜任力不足，尤其是助人特质最为欠缺。除此之外，一些研究发现朋辈心理辅导员在参与了朋辈心理工作后其心理品质有所提升。经过训练后的朋辈心理辅导员在强迫、人际敏感、抑郁、焦虑、躯体化等方面的分数显著降低；人格特质中的乐群性、怀疑性、忧虑性、自律性、紧张性等因子均有显著性改变；自我认知与评价、人际交往、情绪调控、环境适应等能力均有提升；整个朋辈心理培训团队的团体气氛更好。

6. 朋辈心理辅导影响因素的研究

影响大学生朋辈心理辅导的因素大体上可以分为个体因素和环境因素。个体因素指朋辈心理辅导员或咨询员的个人素质；环境因素包括学校的重视程度、接受辅导同学的态度、朋辈辅导工作的宣传力度等。

朋辈心理辅导员的人格特质、品德修养、专业素养、心理素质、工作态度等都会对朋辈心理辅导工作产生影响。其中与对专业心理咨询工作者的专业知识要求存在一定差异的是，67.9%的大学生最看重朋辈心理辅导员的个人品质，具有稳定性、乐群性、敏感性、自律性、有恒性分值较高而世故性较低的人格特质的个体更适合担任朋辈心理辅导员。此外，朋辈心理辅导员的自我认知、共情能力、辅导技巧经验也是朋辈心理工作效果的受限因素。但是，我国绝大多数高校的朋辈心理工作还处于初生阶段，工作难以获得学校在经费、场地、激励政策等方面的有效支持。研究发现，完备的专业培训、制度建设、充分的专业督导、适时的评价激励和充裕的资金支持，都会有效提升大学生对朋辈心理工作的参与度与满意度。同时不容忽视的是，对以学生身份承担助人责任的朋辈心理工作者，提供有效督导是对其工作效果持续提升的干预措施。但非常遗憾，目前我国朋辈辅导员督导体系建设的研究几乎为零。

三、不足与展望

我国的大学生朋辈心理辅导还处于完善和发展阶段，虽然已经取得阶段性成果，但仍没有全面普及，高校的朋辈心理辅导既缺乏完备的体制保障又缺乏规范适用的培训、督导体系，相关研究在方法、思路、效果上均存在一些问题。

（一）研究方法

一方面是定量研究少且质量不高。当前我国的朋辈心理研究还停留在理论构思和经验总结阶段。为数不多的定量研究中准实验设计多，真实验设计少且不规范。尤其是在朋辈心理辅导的实效研究中，因为影响因素众多，应该注意尽量排除时间、地点、个体差异等因素对朋辈心理辅导实验的干扰，真实确认接受辅导与未辅导同学之间的差异以及辅导前后的差异。另一方面，现有质性研究中缺乏统一范式和规范化工具。研究者多数采用自编问卷评估朋辈心理辅导的效果。随着质化研究的复兴、质化研究软件的成熟，高校朋辈心理辅导质化研究范式将成为新触角。另外，国外现已出现较为成熟的评估心理健康、幸福感等方面的行为实验测量方法，对朋辈心理辅导效果评估及朋辈辅导员培训效果评估的研究将提供新视角。因此，朋辈心理辅导未来的研究应在真实验设计基础上，探索更为有效的测评手段。

（二）研究思路

尽管目前有关朋辈心理辅导的作用评估研究较多，但主要集中在新生学校适应、社交焦虑等方面，干预效果的研究还需进一步完善。与其他类型心理辅导相比较，朋辈心理辅导的优势论证缺乏实证研究。依据朋辈心理辅导的行为干预原理，国内研究需要更多考虑辅导过程中朋辈示范、朋辈支持、自我预期的作用机制。另一方面，关于大学生朋辈心理辅导作用的研究范式单一，追踪研究较少，因而无法确定其持续性作用；调研不全面，缺乏对各大高校现状差异的调研；缺乏对国内外朋辈心理辅导效果的跨文化研究。因此，我国高校朋辈心理辅导的研究思路还有很大的拓展空间。

（三）研究理论

综观国内研究文献，"朋辈"与"朋辈心理辅导"定义不清，朋辈成员构成混乱。国外研究强调朋辈心理工作者必须是经过严格选拔和培训的同龄人；但我国高校对朋辈心理辅导员的选拔培训并无统一标准，一些研究更将心理社团成员或班级心理委员等同于朋辈心理辅导员。未经专业培训的心理委员和社团成员在以朋辈心理辅导员身份工作时，不但辅导效果受影响，自身也会因此产生困扰冲突。另外，"朋辈心理辅导"与"朋辈心理活动""朋辈心理咨询"的概念界定不清。国内"朋辈心理辅导"大多将"活动""咨询"囊括其中，但国外的"朋辈心理辅导"专指有准专业指导性的朋辈咨询。因此界定好核心概念对于国内的朋辈心理研究来说十分重要。

除此之外，国内各高校朋辈心理工作质量参差不齐，主要原因是我国没有规范、统一的朋辈心理工作标准，朋辈心理工作缺乏校际合作。"全美朋辈教育联合会"早在2002年就对美国朋辈心理咨询的项目启动、项目实施、项目维护进行了标准化规范和指导。因此，我国有必要通过开展校际交流合作来提高朋辈心理工作的规范化和实施的深度广度。

第五节　贫困生心理健康服务的意义、问题

当前，在我国社会快速发展和进步的过程中，国家的经济和科技水平得到了良好的提升，在这样的背景下，人们逐渐开始意识到，在校园教育工作开展的过程中，不仅仅需要关注学生的成绩，也需要关注学生的心理状况。特别是大学校园内部，由于学生本身的思想意识和水平已经有所提高，所以在心理上更容易出现偏差。本节就是针对校园内部，贫困大学生心理健康的服务工作开展情况进行分析，了解其中存在的问题，找到科学合理的解决对策，希望能够有效解决贫困大学生心理健康问题，提高服务的整体质量，为我国输送更多健康有用的人才。

心理健康的服务能够对一个人的全面发展有所关注，能够解决人们心理上的问题，所以也能够看出，心理健康的服务对于贫困的大学生来说，有着非常重要的意义。但是，当前我国社会中所开展的心理健康服务，对于贫困的大学生来说，还存在着一系列的问题。本节也就此提出了相关的解决对策，希望能够发挥出心理健康服务的优势和作用，加大贫困大学生心理健康教育工作关注力度，以此实现学生个人的健康成长，以及社会内部的稳定发展。

一、贫困大学生心理健康服务的意义

在一个人成长和发展的过程中，心理的健康是人类生活和生存最为基本的需求，因为心理的状态直接影响一个人的行为举止，甚至会影响一个人的反应程度和情绪等各方面的情况，因此心理健康是至关重要的。当前在我国高校内部贫困的大学生数量较多，贫困大学生造成的主要原因就是，家庭背景、生活环境等各方面因素的影响，学生的经济水平无法与当前平均水平相互平衡，这也导致部分大学生生活比较困难，甚至需要贫困补助，或者是勤工俭学。据调查，贫困的大学生处于人格发展理论中，在这一时期，大学生身体上各项机能，以及生理的能力都已经达到了一个最佳的状态，并且逐渐在向着成熟的方向发展，但是其心理的状态，并没有达到成熟和稳定的水平。所以这一阶段相对比较贫困的大学生，其心理和智力并未真正的成熟，所具有的社会经验比较少，还处于校园到社会一个过渡的阶段，也是身体和心理发生急剧变化的时期，这一阶段是人生重要的转折点，贫困大学生会面临着各种各样心理上的困惑和冲突，如果不能够及时地解决这些问题，会严重地影响学生身心的健康发展。

二、贫困大学生心理健康服务的问题

（一）缺乏经费支持，服务机构不规范

当前，在我国高校内部心理健康的相关服务机构，及整个的建设工作，主要呈现出一种隶属的关系，所需要使用的设备条件、师资力量，在当前的校园教学工作开展过程中，并没有给予一个相对统一的规范，甚至很多高校没有独立的，对学生进行心理辅导和服务的机构，所以这种隶属关系也呈现出一个比较复杂的状况。甚至有些心理健康服务机构，在高校内部隶属于学工部门，也有的隶属于校园内部的医院部门，在名称的称呼上，每个高校内部对于心理健康服务机构，都提供了不一样的名称。有些校园内部叫大学生发展研究中心，或者是指导中心，也有的是叫健康心理教育中心，还有的是心理咨询和心理辅导室等。有些高校内部虽然其物质的条件相对是比较充足的，但是总体上来看，大部分的服务机构在硬件设施上并不够完善，所能够提供学生接受心理健康指导的地方比较狭窄，师资力量不足，这也严重影响了整个教育活动的顺利开展。造成这种情况的主要原因是，缺乏经费的支持，导致整个活动没有专项的经费，所以教育服务工作开展会受到限制，最终影响其整个心理健康教育工作的质量和效果。

（二）宣传教育不够，对心理健康缺乏认识

在高校内部长久以来就是受到传统教学思想理念的影响，认为只要能够提高学生的学习成绩，保证学生在未来的工作岗位上能够发光发热，就达到了高校内部教育工作的最终目的。特别是面对一些贫困学生来说，教师认为学生只要能够拿出学费，进入校园目的就是为了自己在未来的工作岗位上，能够获取更高的收益，所以教师在高校内部教学工作，仅仅停留在对学生进行知识的指导上，而完全忽略了学生心理教育工作的开展，所以这也导致整个心理健康服务工作的宣传力度不足，受到传统思想观念的束缚。在具体工作开展方法上，思想观念严重缺乏，甚至很多高校内部认为，只有存在着心理疾病的学生，才需要接受心理的治疗，这也会造成一些贫困的大学生产生顾虑，害怕别人认为自己心理上有问题，遭受到其他同学或者老师异样的目光，从而不敢踏入心理咨询工作室。这种对于健康服务缺乏认知的情况，一方面就会导致贫困的大学生，对自己当前所存在的心理问题有着忽视的现象；另一方面也会导致教师和校领导，并不关心心理健康的服务工作，影响了学生正常接受工作的机会，也阻碍了学生的良好成长。

（三）缺乏专业的服务人员

心理健康服务工作属于一门具有比较专业性的服务工作内容，所以在整个工作开展

的过程中，还要有专业的人员给予支持，保证能够真正地渗透专业的思想理念，顺利地开展心理健康服务工作，才能够达到教育工作的最终目标。但是，由于当前我国高校内部，对于心理健康服务专业的人员还相对比较缺乏，这也影响了这一工作的顺利开展和实施。据调查，国外对于心理健康服务人员提出了非常高的要求，不仅仅需要在从业的资格方面进行考核，更是需要了解到整个工作人员的素质和水平，只有达到了相关的标准，才能够从事这一工作。

我国高校内部目前对于心理健康服务，所担任教育工作，或者是健康指导的人员，大多数都是非专业的工作人员，甚至不是专业的心理教师，也不是专业的心理辅导医生，大部分的工作都由校园内部的辅导员，以及其他的工作人员充当心理辅导老师。高校内部整个工作量相对较大，还需要身兼数职对学生进行心理上的辅导，这也导致很多老师并不能够真正的掌握每个学生心理发展的动态，甚至会发生角色的混淆，这种服务工作开展相对比较盲目，整体的质量和效果甚至会适得其反。

三、贫困大学生心理健康服务工作的开展对策

（一）加大经费投入，规范心理服务机构

想要真正科学有效地对高校内部，大学生进行教育和引导，了解到贫困大学生当前的心理状态，就需要有针对性的对心理健康的服务工作进行改善，所以高校的内部也需要真正的关注，心理健康这一服务工作站具体监理工作中，所需要的相关资金和经费，在对经费进行投入上，需要适当地倾斜，尽可能地把一些资金融入心理健康的工作之中，这样才能够真正地通过对当前学生对于心理健康教育需求的情况，建立起一套相对比较完善的，能够对学生进行心理服务的具体工作开展模式。同时校园内部也需要加强对一些硬件的基础设施的投入力度，可以是宣泄室、沙盘室，还有测试的教室等，这些教室对于贫困学生来说，可以在校园内部享受到心理健康的指导工作，也能够让学生在校园内部真正的接收到最为专业的指导。

与此同时，还要求相关的工作能够配备专业的心理辅导教师，这样才能够发挥出这一平台的作用，也能够真正地为高校内部贫困的大学生，提供科学有效的心理咨询，为其心理健康的发展营造出最佳的环境，使其能够拥有宣泄的对象和倾诉的地方，这样就能够有效地解决学生心理上存在的问题。

（二）加强宣传教育力度，提高服务认识

对于高校内部贫困的大学生来说，心理健康的服务工作一般情况下，在认知上还存在着一系列误区，这也是其中需要改善的非常重要的一项内容，只有大学生能够直面心

理健康服务工作，才能够顺利地参与其中，有效地解决自己心理上的问题。所以，面对当前贫困的大学生，对相关心理健康教育基本知识不够了解的情况下，还需要有针对性地对其进行引导，避免大学生出现心理问题，不懂得如何预防调节和治疗的现象。同时也要求贫困的大学生能够深入到心理服务工作之中，参与自己心理状态改善的过程，这样才能够使大学生在喜闻乐见的形式和环境下，真正的接受心理健康辅导。

例如：高校内部可以结合使用微博、微信等各种宣传的网络服务平台，把心理健康的宣传工作和教育，融入大学生实际生活，使贫困大学生能够感受到润物细无声的心理教育工作作用。同时，心理辅导的教师也需要严格遵循自己的职业道德，保证能够对来访者的信息进行保密，使贫困大学生能够真正地接受心理教育工作，提高自己的整体状态和情绪。

（三）加强人才队伍建设，保证服务质量

在高校内部开展心理健康的服务工作，还需要能够把这一门服务内容，与多学科进行联系，因为心理的健康指导，本身就属于一门具有综合性特点的学科，所以其中需要关注到的，最关键的人员就是心理辅导教师这个角色，还要求教师的专业素质和技能的整体水平能够得到提升，保证教师能够站在最专业的角度，对学生进行健康教育工作的指引。同时，保证整个服务工作的效果和质量能够得以提升。因此高校需要大量引进专业的心理辅导教师，使其在工作的过程中，能够接受奖惩机制，这样才能够留住资深的教师。也需要加大对这方面人员的培养，定期地组织相关人员接受学习和培训工作，形成科学合理的考核制度，这样才能够提高老师在理论知识和实践操作方面所拥有技能的充分发挥，心理辅导教师在教育人和引导心理方面所具有的优势，对贫困大学生给予足够的人文关怀，进而提高其在校园中生活的积极性和综合素质的能力。

综上所述，综观我国高校，大学生的学习具体开展状况能够了解到，我国高校对于大学生的教育和引导，比较关注的是学生的技能和知识掌握情况，很大程度上忽略了心理健康问题。所以，本节也重点探讨心理健康服务，在贫困大学生心理引导上所起到的作用，并且针对其中存在的问题，提出了解决的对策，希望能够发挥出心理健康服务的优势，以此为贫困大学生心理问题的改善提供最佳的支持。

第二章 积极心理学教育

第一节 积极心理学与心理健康教育

积极心理学是心理学领域发展的重要突破，它强调了人类积极性格的塑造和作用，主张普通人建立积极的心态，以促进个人的进步和发展，为社会和谐发展做出贡献。积极心理学从研究原则上重视人的积极品质，避免了心理研究总是趋于负面问题讨论的传统思路，使心理研究能够为普通人的健康和生活服务。因此在大学心理健康教育中，积极心理学显示出其独特的优势和特点。

一、积极心理学在大学生心理健康教育中推广的意义

在当前的大学心理健康教育中，仍然以传统的心理疾病预防和矫正为主要的教学目的。一方面造成学生对心理健康教育形成抵触情绪，另一方面也不利于心理健康教育的广泛开展。而积极心理学对于普通学生有着一定的教育和宣传价值，对于促进全体学生积极健康心理的培养具有重要意义。

（1）积极心理学为大学心理健康教育重新设定了目标。普通个体在学习和生活中，即使心理健康上没有出现明显的问题，但是其他方面的原因可能导致学生的意志和心理长期消沉，对于其学习和发展造成不利的影响。而传统的心理教育没有对相关的问题进行充分的重视和研究，导致大学心理健康教育存在不合理的问题。对此积极心理学主张对于普通人应建立积极预防的心理健康教育体系，促使学生能够在正常生活中感受自身的价值，促进学生积极心理的培养，使学生能够主动挖掘自身的闪光点和潜力，促进学生综合素质的提高和发展。

（2）积极心理学充实了高校心理教育的内容。在传统的大学心理及健康教育中，学校和教师关注的重点都是心理可能存在异常的学生，导致学校的心理健康教育无法对其他多数学生造成约束和影响。积极心理学增加了心理健康教育的目标和途径，促使学校的心理健康教育关注的学生群体更加多样和全面，促进所有学生积极心理和健康生活方

式的养成，为学校的心理教育拓展了教学目标和教学内容，使高校的心理健康教育能够更有效地施行。

（3）积极心理学是大学心理健康教育的创新。在传统的心理健康评价体系中，往往注重对学生负面情绪和心理的排查和调节工作，导致学生可能受到教学内容长期的暗示和影响，在心理上出现波动和变化。积极心理学创新性地提出为全体学生树立积极的心理观念，促使学生接触到的心理教育内容更加多元，有效克服负面情绪，使自身的心理健康状态得到提升。

二、积极心理学在大学心理健康教育中的应用策略

（1）增加学生在积极心理上的体验。人的心理容易受到周围环境和其他人的，自身行为的影响而产生微妙的变化。对此，在大学心理健康教育中，教师应该充分运用心理暗示这一特点，增加学生的积极心理体验，以促进学生在心理上保持积极主动。例如在课堂教学中，教师要多举一些积极的生活实例，保持课堂氛围的轻松愉快，促进师生之间的平等和尊重等，使学生能够获得轻松愉快的学习体验，并为学生的积极学习和生活提供动力和帮助。除了心理和行为上的暗示，教师还应该教会学生有效克服心理消沉的方法，消除学生内心的焦虑，减轻学生的心理压力，促使学生以积极的方式调节自身的负面情绪。

（2）通过高校环境对学生的心理状态进行调节和暗示。学生的心理状态和周围的生活大环境有着密切的联系，因此学校和教师应该注意对教学环境的构建，促使学生在大环境中保持积极进取的态度。此外，学生较高的环境适应性也是其心理调节能力的重要体现，对此学校要对刚入校的学生给予特别的关注和引导，促进新生养成积极的学习和生活心态，为学生在学校的长期积极发展奠定基础。在高校生活中，集体主义文化是学生必须面对的问题，一些学生乐于在集体活动中找到自身的价值和定位，从而保持积极的心理状态。部分学生则可能对集体活动持有抵触情绪，在活动中感到不自然，使自身的学习和生活更加焦虑。对此学校和教师应该谨慎制定集体活动计划，使不同的学生能够在活动中找准自身的定位，在校园活动中保持积极的心态。为了提升大学环境对学生的心理暗示和影响力，学校和教师可以从以下几方面进行参考。例如通过营造积极的校园文化对学生的心理进行影响，促使学生不断正视自身的状态，控制和培养自身的情绪。还可以促进学生和校园、社会、家庭等多元环境保持密切的联系，使学生能够在不同的环境中实现对自身情绪的及时改变和调节，使学生的学习压力和焦虑得到及时的宣泄，提升学生积极的情感体验和自控能力。

积极心理学对大学生心理健康教育有着重要的影响，一方面其改变了传统的教学思路，另一方面也改变了教学的具体内容和目的。对此学校和教师应该对大学心理健康教育进行更详细的研究，促进相关教学质量和效率的提升，促进学生健康心理的培养和发展。

第二节　基于积极心理学的心理品质培养体系的构建

积极心理学作为心理学科中的分支，主要从积极的角度来深入探究人们的心理健康情况，当前已经成为心理学主要的发展趋势。从积极心理学的角度出发，如何研究大学生群体的心理健康情况也有了新的方向，将传统模式中针对大学生心理问题实施的主动干预逐步调整为通过积极心理疏导的模式。本节就基于当前积极心理学的发展情况，深入探究大学生群体的心理健康情况，提出构建大学生积极心理的培养方案。

随着教育水平的不断提高，越来越多的高校将目光转移到学生的心理教育上。如何有效的引导大学生构建起积极的心理体系，不管是对于高校培育高素质人才，还是对于学生自身的心理发展甚至是社会的进一步前行都具有实际意义。积极的心理素质能够由后天培养而来，经过不断的训练可以让大学生逐步构建起积极的情绪管理体系、认知评定体系以及积极的行为管控体系。将积极心理学有关的理论知识添加到高校大学生心理教育之中，能够突破原有的心理教育模式，解决消极干预的问题，确保大学生能够培养起优秀的心理素质体系，真正达成大学生心理教育的目标。

一、积极心理学的基本内容

（一）研究积极情绪

积极心理学主要研究积极的心理情绪在人们日常生活中发挥的效用。从积极心理学角度来说，消极的心理态度可以看作是人们面对外界危险构建起的第一道警戒线，其会将人们带入到战斗状态，由此来打破或远离危机。反观积极的心理态度，则会拓展人们的眼界，提高自身对外界的包容程度以及自身的创造水平，能够让人们拥有更加健康的体魄，获取更加优质的人际交流，例如说兴趣的产生会引发探索全新信息的动力，同时也会让人们产生向前发展的期望；满意的产生会让人们认可当前的生活环境，同时还会将此环境同自身和社会中的全新论点进行有机融合；自豪的产生会让人们渴望将此情绪同他人分享并期望在未来谋求更大的成功；爱的产生会让人们出现同爱的对象一起生活并探索全新世界的想法。

（二）研究积极人格特质

积极的人格特质作为积极心理学中最为基础的部分。在积极心理学之中，主要探究了多达24种积极的人格特质，其中涵盖有乐观、自信、成熟的防御体系等。而最为核心的特质有勇敢、仁爱、智慧、正义、节制以及精神卓越等。在积极心理学当中，将幸福的产生归结为人们可以找寻出自身的优点和积极的人格特质，同时还可以在日常生活中展现出来。

（三）研究积极组织系统

积极心理学之中也将主要的研究方向集中在社会文化背景方面，认为社会文化背景同心理素质、人格特质、创造水平、情感态度以及心理治疗有着密切关系。一个积极的组织体系包含有积极的子系统，其中积极的小系统涵盖着稳定的社区关系、高度负责的社交媒体、良好的家庭环境以及教育水平较高的学校；而积极的大系统则包含有民众具有的责任意识、道德水平等。积极心理学当中还探究了产生天才的外部条件、创造水平发展同人们幸福生活指数的关系。

二、构建大学生积极心理品质培养体系

（一）培养学生积极的情绪体验

积极心理学当中一个主要的研究方向便是积极的情绪体验，主要将能够引发个体出现接近性行为或者行为趋势的情绪都划归为积极情绪，表现为个体对过去回忆的满足并幸福地享受现在，同时对未来具有乐观期望的心理状态。（1）培养大学生群体的主观幸福感，哈佛大学的导师沙哈尔就提出幸福的产生应当是快乐同意义的深度融合。使得学生可以在日常活动中找寻幸福，享受幸福，分享幸福，最为核心的便是在普通生活中挖掘出生活的意义。（2）强化大学生对于自身情感态度的调节水平。著名的心理学者Gross在发表的情绪调节理论中就着重强调了外部环境对个体心理产生的影响，同时也对环境选择、情境调整给出指导方案。因此大学生应当主动性地去搭建起能够引起积极情绪的外部环境。（3）认知作为个体情绪体验中相当关键的要素，差异化的个体在应对相同的环境刺激时，即使认知能力相同也会出现不一样的情绪体验。

（二）培养学生积极的人格特质

积极心理学的目标主要是探究并培养个体的人格特质和积极的心理素质。（1）训练学生构建起积极的思维方式，树立积极的心理品质。将积极心理特质的养成提高到比消极心理特质在应对困难时更加核心的位置，整体来看属于一种逆向思考的模式。从相互

的讨论交流中培育起积极向上的思维模式，潜移默化的让学生将优秀的人格特质划入到自身心理体系之中。（2）从三观等方面专门培育学生积极的心理特质，例如在培养积极的价值观时，学校可以组织相关的性格活动，清晰地将性格特质进行分类并确定相应的性格词语，将其制作成海报张贴在校园之中。此外还应当按时在校园通信网络中讲解性格词语和对应的意义。教师和学生针对这些性格特质和实际应用进行探讨。（3）将"爱"作为起始点，培养并提升学生积极的心理素质，强化实践能力。可以利用感谢信或者爱心救援等活动来让学生树立积极的心理特质。

（三）构建积极的心理健康组织系统

积极的社会组织也是积极心理学中较为重要的一环，它不单单是培养人格特质的基础，还是个体出现积极体验的本源所在。积极的社会组织涵盖有国家、企业、家庭以及学校等诸多方面，其在学校中主要发挥的作用为构建优质的教学氛围。根据有关研究结果可以发现：大学生获取认可和支持最多的渠道是来源于家人和朋友，而教师的认可普遍较少。积极心理学当中主要提出搭建积极的外部环境以及积极的组织体系，不仅包含有积极的个人环境，还有积极的组织体系等，一个稳定的组织系统也是大学生心理能否健康发展的关键所在。（1）构建起学生发展的积极环境，将个体、家庭、校园以及社会有效结合起来，构成多维的互动模式。（2）制定出从家庭到校园再到社会组织的学生培养方案，主要包括个体情感、内心独白、爱心互助以及成果分享等，并让学生同家人和老师进行良好沟通。（3）真正将学生互助组织的效用发挥出来，架构出班级—班委—宿舍—同乡等学生关系结构。（4）对于支持体系来说，最为核心的是校园心理咨询组织，其应当有效完成学生的心理引导并给予相应的咨询服务，确保学生可以获取高质量的心理辅导。

（四）积极的心理干预策略

积极心理学还主张搭建起行之有效的心理治疗方案，将积极心理学的核心理论作为基础，构建起具体的心理治疗方案，强调心理治疗过程中个体应当将注意力投入在养成积极心理特质方面，主要是让患者通过强化自身的积极心理素质来突破心理疾病的束缚，或者防止心理问题的发生。（1）在校园中建立危险防范体制，将班级中班委、舍长以及党员群体作为核心，构建起心理危机的报警体系，利用积极心理学中的基本理论，将学生亲朋好友的作用发挥出来，尤其是在心理危机警示方面发挥应有效果，主动关注个体的心理情况。（2）通过积极心理治疗的方案来完成心理咨询，比如说让个体尽可能享受美好的一天、完成祝福训练以及完成好事等活动。上述练习均需要个体深入思考并分析自身出现幸福情绪的事项，加强个体在面对积极事情的认知水平。（3）完成心理弹性的干预方案，其主要是建立在积极心理学之上，强化学生的心理弹性。可以有效调整学生的认知思维，并降低个体出现心理问题的概率。（4）发挥积极心理学辅导人员的作用，通过团队在情境之中的引领并辅助个体获取更加深入的心理体验。

综上所述，积极心理学作为心理学研究的新方向，它的工作目标体现了社会意义上的博爱和人性，是与人类发展的目标相一致的。我们深信，积极心理学理念指导下的大学生心理健康教育，将会极大提高大学生的心理健康水平，使他们过上更丰富、更有意义的生活。

第三节　基于积极心理学的心理危机干预策略探究

以某高校心理普查中低年级到高年级大学生心理危机比例大幅提升的事实，反思当前大学生心理危机干预的问题与困境，从自身、家庭、学校和社会等层面全面、客观分析大学生心理危机问题的成因，力图构建基于积极心理学的大学生心理危机干预机制，为有效防止大学生极端心理危机事件的发生提供了创新思路。

随着社会的高速发展与进步，大学生心理问题呈快速增长趋势，各高校根据情况开展相应工作并建立多级防御机制，但实际效果并不理想。如何走出大学生心理危机的困境，基于积极心理的视角构建以培养积极心理品质为核心的心理危机防御机制能够有效推动培养大学生健康人格特质的教育进程，切实提高大学生应对心理危机的能力，有效防止大学生极端心理危机事件的发生。

一、大学生心理危机的现状及问题

心理危机是指个体在遇到突发事件或面临重大挫折和困难，当事人自己既不能回避又无法用自己的资源和应激方式来解决时所出现的心理反应。针对个体在危机状态出现的一系列负面情绪、生理、认知和行为反应，目前各高校按教育部要求成立专门的心理健康教育机构，配备专、兼职心理健康教师，对心理危机对象力图实现早发现、早干预的工作机制，但在实际操作过程中依然面临着许多困难和挑战。

（一）大学生心理危机现状调查情况

笔者使用 SCL—90 自评量表对某高校 5295 名大学生进行调查发现，一年级学生 1585 人中心理异常人数为 275 人，占测试总人数的 17.35%；二年级学生 1389 人中心理异常人数为 265 人，占测试总人数的 19.08%；三年级学生 2087 人中心理异常人数为

454人，占测试总人数的21.75%。存在心理问题的学生中，一年级学生最突出的症状依次为：强迫症状（40.50%）、人际关系敏感（36.50%）、焦虑（18.86%）、恐怖（16.59%）、其他（16.47%）；二年级学生最突出的症状依次为强迫症状（39.96%）、人际关系敏感（28.37%）、其他（21.31%）、焦虑（20.81%）、抑郁（19.01%）；三年级学生最突出的症状依次为强迫症状（43.65%）、人际关系敏感（31.34%）、其他（25.26%）、焦虑（24.77%）、抑郁（22.28%）。通过进一步分析发现，大学生普遍存在心理危机，三个年级的症状主要集中在强迫症状、人际关系敏感、焦虑、抑郁和其他等，且从低年级向高年级学生人数比例呈增长态势。

（二）大学生心理危机干预的问题与困境

1.心理危机人数呈不减反增态势

从某高校心理测试结果中可以看出，心理危机人数和症状从低年级到高年级呈增长态势。现在各高校都非常重视对大学生心理危机的干预，新生进校后就开展心理健康普查筛选工作，对心理异常学生建立心理档案并持续跟进，然而，大学生的整体心理健康水平并未得到显著改善，反而出现了心理危机人数呈增长态势。

2.过分关注个别学生及消极特质

以往大学生心理危机干预重点关注少数个别学生，主要服务对象为具有情绪困扰、行为失调、适应困难以及有自杀倾向的个体。为防止这类学生发生极端事件，往往把工作重心放在所谓问题学生身上，忽视对其他学生应有的关注与支持，然而，心理危机干预并没有抑制心理问题的滋长。

3.心理危机干预机制流于形式

虽说各高校都做好了针对大学生心理危机的干预机制和预防措施，但基本处于消极被动、疲于应付的状态，好多后期跟踪都流于形式，没有真正起到对有心理问题学生的有力支持或援助，导致高校心理危机干预工作无法做到位。

4.社会支持系统参与度较低

个体依靠自己的力量无法成功应对心理危机时，社会支持系统能够有效化解心理压力。大多数存在心理危机的学生普遍存在强迫症状、人际关系敏感、焦虑、抑郁等，大多数人都不善于主动寻求帮助。在缺乏必要的社会支持，得不到应有的帮助、关心和肯定时，必定会使学生在没有能力应对问题时产生更强烈的失败感，引发更严重的心理危机。

二、大学生心理危机的成因分析

随着社会转型与竞争的激烈，大学生心理危机日益凸显。面对问题和困难，很多大学生采取逃避的方式，上课玩手机、刷微信、沉迷于网络游戏，甚至逃学旷课成为填补空虚灵魂的寄托方式。要实现对危机对象早发现、早干预，必须深入研究大学生心理危机产生的成因，探索大学生心理危机干预的创新机制，使大学生在成长成才的道路上健康发展。

（一）自身原因

从某高校心理测试数据中得知，大学生心理危机症状主要集中在强迫症状、人际关系敏感、焦虑、抑郁和其他等问题，调查反映出相当一部分学生出现网络成瘾、自控能力差、人际关系紧张、不懂换位思考等问题，遇到问题缺乏求助意识，又不愿经历改变的阵痛，极易产生心理危机。

（二）家庭原因

任何一场危机事件背后均隐藏着心理危机，失败的家庭教养让孩子错失建立规则与自律的最佳时机，特别是父母感情不和、父母离异、单亲家庭的孩子及留守儿童更容易产生冷漠、焦虑、抑郁、敌对、恐怖等消极情绪，缺乏安全感，容易陷入严重失衡的心理危机状态中。

（三）学校原因

目前高校的心理危机干预体系重点关注具有强迫症状、人际关系敏感、抑郁、焦虑等症状的少数个别群体，况且在实际操作中较难对其通过一、两次心理辅导来达到促进人格塑造和心理潜能开发的咨询效果。由于大学生心理健康状态是个动态变化的过程，心理危机会出现越抓越多的状况，甚至衍变成心理障碍的推手。

（四）社会原因

通过某高校心理测试发现，因子分超过常模较突出的部分有三个：强迫症状、人际关系敏感、焦虑，这与价值观缺失、竞争压力过大、对未来考虑过多有直接关系。一旦情感和需求得不到满足，容易出现更严重的心理危机，甚至出现自残、自杀或伤害别人的行为，造成社会不稳定的诱因。

三、大学生心理危机干预的策略

从积极心理学的理论视角，把大学生心理健康教育课程与其他具有培育积极心理品质的课程整合到人才培养方案中,实现全员育人导师制贯穿人才培养全过程。充分利用家校合作的社会支持系统和大数据网络动态预警,构建对学生具有生命意义教育引导的多级预警防御机制,将关注重心更多倾向于培养具有积极乐观心理的学生,增强大学生心理危机的防御能力,努力寻求减少与化解大学生心理危机的策略,从而有效提升大学生心理危机干预的主动性和实效性。

(一)目标与定位

将心理危机干预重点放在心里健康群体和心理危机个体良好的心理状态方面,用积极的心态解读心理现象,激发其内在的积极力量和优秀品质,加强对学生具有生命意义的教育与引导,对学生进行健康人格特质的培养,从某种程度上增强学生的自信心、主观幸福感,帮助个体成长和自我实现,构建积极向上的育人环境,这也是心理危机干预的有效途径。

(二)内容与要求

把培养个体积极乐观的态度,塑造健康人格的内容体现在人才培养方案的课程体系和心理辅导中,激励人本身的积极因素,通过开发人的潜能,激发人积极的心理力量,让其学习方式和生活方式、思维方式都发生一定的变化,培育出个体积极的心理品质,让个体拥有健康平和的心理状态和合理的思维模式,促进大学生群体的身心愉悦和健康成长。

(三)方法与途径

1. 构建心理危机"四级"预警防御体系

为了能够及早预防、及时、有效地干预并快速控制心理危机突发事件,要建立健全学校心理中心、院系心理辅导站、班级心理委员、宿舍联络员四级预警防御体制。实施异常情况逐级汇报制度,完善应急处理预案,建立应急处理快速通道,形成信息搜集、评估、反馈、防治的心理危机干预机制,降低、减轻或消除可能出现的对他人和社会的危害。

2. 思政与心理危机干预联动的"三观"正向引导

世界观、人生观和价值观统称为"三观"。大学生处于塑造"三观"的关键时期,学校应充分利用思政课程贯穿所有学期的契机,加强对学生的"三观"教育,培养学生平和的心态、乐观的性格、坚毅的意志品质、豁达的人生态度与正确的自我归因,帮助危机中的个体走出困境,提高其心理健康水平,塑造健康人格,为他们的健康成长奠定坚实的思想基础。

3.人才培养方案与全员育人课程整合的生命教育辅导

在大学生心理健康教育、大学生性与心理健康、大学生职业生涯规划、大学生安全教育、大学生思想政治教育等课程中加强对生命意义教育的引导，培养学生健康的人格。人才培养方案与全员育人导师制实现无间隙的课程整合，培养大学生积极的心理品质、积极的人格特质、积极的情绪体验和积极的生活态度，通过个体自身的积极力量来面对生活中的问题，提升个体心理健康水平。

4.构建基于社会支持系统的家校共同体提升学生积极心理品质

良好的家庭、学校和社会环境能够提供积极的心理氛围，面对突发事件能够有效地引导学生积极乐观地面对挫折，帮助学生解决心理上的困惑和烦恼，从而激发自身内在的积极力量和优秀品质，有效预防心理危机的发生。

5.捕捉基于大数据的心理危机信息网络动态预警

信息技术的普及和发达使电脑和手机变成大学生必需的学习和生活工具，学生在门禁系统、图书管理系统、食堂用餐管理系统、学生考勤系统、学生学籍管理系统、微信、微博、QQ、网络购物等活动中产生很多反映集个性、情绪变化的实时心理资料，这种方式提供了一种网络动态预警机制，为分析其是否需要进行心理危机干预提供更精确的依据。

总之，大学生心理危机干预中引入积极心理学，建构培育积极乐观态度和积极心理品质的心理危机干预机制能够有效防止大学生极端心理危机事件的发生，构建美好和谐的校园。

第四节　浅谈积极心理学视野下的心理健康教育

目前，大多数教师在开展大学生心理健康教育活动中通常是采用这样一种模式——介绍某一种心理问题，分析该问题的定义与危害，并总结克服该问题的方法，这明显偏离了激发学生积极心理素质的子目标。

一、积极心理学视野下的大学生心理健康教育优势

（一）拓展学生心理健康教育知识视野

开展积极心理学视野下的大学生心理健康教育活动，从正向角度激发学生的积极心理因素，有助于引导学生了解阳光心态和积极情绪，如乐观、自信、自律、内省、谦虚等，

从而有效拓展学生心理健康教育知识视野。学生在学习积极心理因素的同时会逐步消除自身与心理健康教育课程的隔阂，将关注负面心理因素的倾向转移到激发个人潜能与培养健康积极的心态领域。

（二）创新大学生心理健康教育方法

开展积极心理学视野下的大学生心理健康教育，有助于弥补传统教育模式的缺陷，创新大学生心理健康教育方法。目前，很多教师在开展积极心理学视野下的大学生心理健康教育过程中，为学生组织了各种有趣的体验活动，如"信任背摔"游戏、"安全防卫"游戏，从而有效培养了学生之间的信任感，提高了学生的安全意识，使学生的责任感得到了加强。

（三）奠定社会人才教育基础

从发展视角来看，大学生心理健康教育属于一种长远性教育活动，塑造学生积极健康的心理素质有助于辅助大学生实现个人价值，从而为培养社会发展所需要的人才奠定良好基础。而且，积极心理学主张以人为本，提倡积极人性，强调关注人的积极心理因素，发展人的潜能。在这一系列主张的引导下，学生很容易形成积极健康的心态，步入就业岗位之后，他们能够积极应对各种压力与问题。

二、积极心理学视野下的大学生心理健康教育方案

（一）发挥积极心理因素，增强学生的自控能力

基于积极心理学视野，顺利开展大学生心理健康教育活动，教师应充分发挥与挖掘学生的积极心理因素，不断增强学生的自控能力。在教育过程中，教师应尊重学生的情趣爱好与个性天赋，引导学生在发挥个人优势的同时潜移默化地增强自控能力与自律意识，学会自省。此外，教师应注意进行必要地引导，告知学生：一个人自控能力的强弱体现在其有意识或者无意识地在日常活动中和工作中表现出的习惯上。所谓的"自控能力"特指一个人善于自我支配和自我调节的能力，它是个人对自身的心理和行为的主动掌握，是个体自觉地选择目标，在外界没有监督的情况下控制自己的行为，抑制冲动，抵制诱惑。这样有助于培养学生的自控能力，教导学生恪守规范与道德行为。

（二）引入故事，提升课堂活力

提升大学生心理健康教育乐趣，培养学生对该课程的学习兴趣，教师应注意创新教学方法，适当引入经典故事，以此提升课堂活力，让学生在快乐学习中形成良好的心态。例如，在解析"谦虚"这一美德的同时引入科学家爱因斯坦的故事，爱因斯坦曾经为一

个夸奖他学识渊博的人画了一个小圆和一个大圆,接着说:"在物理学这个领域里可能是我比你懂得略多一些,正如你所知的是这个小圆。我所知的是这个大圆然而整个物理知识是无边无际的,小圆的周长有限,即与外界的接触面较小,而大圆与外界接触的这一周长大,所以会感到自己的未知东西更多,会更加努力地去探索。"这个故事说明谦虚好学、虚怀若谷才能容纳真正的学问和真理,不断完善自我,获取成功。

(三)做好正面引导教育工作,完善心理健康教育评估体系

全面提升积极心理学视野下的大学生心理健康教育效果,教师应做好正面引导教育工作,引导学生树立自信心,逐步形成乐观、健康的心态。与此同时,教师应注意完善教学模式,努力实现心理健康教育多元化,促进该学科与其他学科的有机结合,从而有效提高教育效果。例如,促进心理辅导和文化教育工作以及德育工作的有机结合,以此培养学生健康的心理,提高学生的文化素养和品德修养,引导学生逐步形成正确的价值取向,将学生培养成有文化、有道德、有理想、有纪律的"四有公民"。此外,教师应重视完善心理健康教育评估体系,从微观层次来分析,大学生心理健康教育评估主要包括心理辅导教育、心理活动体验教育和心理辅导组织管理的综合评估。在评估过程中,教师应全面了解学生的具体问题与兴趣爱好,然后,针对具体问题予以疏导教育,根据学生的兴趣爱好进行正确地引导,发扬学生的优点与天赋。一个月之后,教师可以对学生进行心理测试,并根据测试结果,进一步完善大学生心理健康教育评估体系,以此提高学生的心理健康素质。同时,教师可以定期开展体验式心理活动,如"阳光心理活动""心理信箱""校园心语"等,引导学生自行创办关于大学生心理健康教育的墙报、画廊、手册与板报等,使学生在参与心理健康教育活动的同时逐步形成积极、乐观的心态,并针对体验式活动效果做好评估工作。

综上所述,做好积极心理学视野下的大学生心理健康教育工作,塑造学生积极、健康、乐观的心理品质,教师应充分发挥积极心理因素,增强学生的自控能力;适当引入有教育意义的故事,以此提升课堂活力;全面做好正面引导教育工作,不断完善心理健康教育评估体系。

第五节 积极心理学视角下的心理健康教育探索

积极心理学这一概念最早出现在20世纪末的西方心理学界,从80年代开始,我国高校的心理学教育就开始运用这种教学方法。积极心理学视角下,应该注重人的人格培

养和情感体验，大学生心理健康教育是为了及时矫正其心理问题，引导其走向正常的生活与学习道路，所以，将积极心理学引入大学生的心理学教育中十分必要。

积极心理学兴起于20世纪80年代的美国。当时，美国兴起了以研究人的品质为目的的一场运动，一些美国心理学家将积极的心理因素如快乐、幸福、乐观等作为研究的切入点，将人的良好品格和积极的态度作为心理学的研究重点，这就是积极心理学兴起的背景。积极心理学的研究的创始人是美国当代著名的心理学家马丁·塞里格曼（Martin E.P.Seligman），谢尔顿（Kennon M.Sheldon）和劳拉·金（Laura King）他们认为："积极心理学是致力于研究普通人的活力与美德的科学。积极心理学主张研究人类积极的品质，充分挖掘人固有的、潜在的、具有建设性的力量，促进个人和社会的发展，使人类走向幸福。"从某种程度上来讲，对人们行为有创造性的、积极的、满足的因素进行的研究就是积极心理学研究。

积极心理学的对立面并不是消极心理学，心理学本身的研究范畴就是一种偏中性的态度，与快乐和悲伤没有关系，积极心理学只不过是对消极心理学研究的一种补充，在传统的心理学研究领域，对消极的心理现象研究较多，但是，在现代社会中，人们的生活节奏越来越快，物质生活不断丰富，但精神世界却在逐渐空虚，心理问题不断涌现，人们更多地在追求精神上的幸福感以提高生活的质量，所以，在这种形式下，积极心理学的研究就显得尤为重要。从目前研究的范围来看，积极心理学的研究领域一般有三个方面，第一是从个人的主观感受出发，研究他们主观意识中的幸福感、满足感，对过去和现在幸福的比较分析；第二是研究个人能力，一般是个人的工作学习能力、看待问题、分析问题的能力、爱的能力以及对未来的洞察力等；第三是从社会层面进行分析研究，人生活在社会中，要有积极的心理首先得建立积极的家庭、学校和社会环境，这样才能有助于人的健康发展。

一、积极心理学的特点

积极心理学主要是提倡人们要有积极的生活态度和心理状态，它关注人优秀的品质、健康的心态，从客观的角度研究人的优点，并能用客观的心态去看待遇到的问题，不断激发人类潜在的积极特质，赋予他们不断前进的动力，最终让他们感到幸福。在关注人类优秀品质的同时，人的价值和生存发展方向是关注的重点，它将心理学传统的关注重点转向积极的一面，体现出更多的人文色彩，不断提升人自身的价值所在。在研究的同时，科学的研究方法是积极心理学研究的重要手段，所以，科学性也是积极心理学的一个重要特点。

二、积极心理学的作用

在传统的认识过程中,心理学是针对心理有问题的人进行的研究,但这只是片面的看法,普通的人的心理也需要被关注,他们也需要更好的心理状态,积极心理学就具有积极的增进功能,它能够刺激人的兴奋状态,让人们不断被积极快乐的东西所吸引,从而不断培养幸福感和满足感,让人们生活得更加幸福和快乐。预防是心理学研究的一个重点,更是积极心理学关注的一个点,心理疾病的产生正是因为疾病发展前期没有注意该问题导致病情的集中,所以预防心理疾病是关键,积极心理学的另一个作用就是有积极的预防作用,如果当时人们了解积极心理学的内容,在遇到问题之前他就会想积极的一面,也能及时客观地解决问题,而不是一味消沉和抱怨,影响心理疾病的治愈。在出现心理问题之后,积极心理学有积极的治疗作用,它能够不断地培养病人树立乐观的生活观念,掌握人际交往的技巧,乐观地看待问题并进行冷静地处理,不抱怨过去,努力改变现状,积极地面对未来。在心理疾病诊疗的过程中,诊疗成功的患者大都是根据积极心理学的方法痊愈的,而且一般都没有后遗症出现。

三、我国大学生心理健康教育中的积极心理学研究现状

我国高校心理学专业对积极心理学的研究颇早,至今也有二三十年的时间,尤其是最近几年,随着高校对心理学的重视,积极心理学的研究也取得了很大成果,在解决大学生心理问题上做出了突出的贡献。但是,即使研究有一定成果,在现实大学校园中,仍然存在着很多问题,尤其是有心理疾病的大学生做出的一些恐怖行为给现在的积极心理学教育带来了考验。

(一)大学生心理健康教育的目标不一致

心理学是一门中性的学科,没有好坏之分,但是从我们认知的角度来看,心理学的研究范畴又分为积极心理学和消极心理学,消极心理学是在有了心理疾病之后对其进行治疗和干预,而积极心理学主要起到一个防范和引导的作用,为了让人们的心理状态呈现最佳状态,让人们的潜力不断得以开发,生活更加幸福。如今的高校心理学教育更加偏向于消极心理学的教育,目的是为了治疗已经有心理问题的学生,这种心理学的教育方法直接忽视了学生的心理发展过程,对学生的心理需求不重视,缺乏积极的引导。

(二)大学生心理健康教育偏重医学研究

从我国高校开设心理学课程以来,在解决大学生心理问题方面取得了不小的成就,对促进大学生的心理健康有一定的积极作用,但是因为传统心理学教学目标的问题,消

极心理学成了心理学教育的重点,所以,高校教育者都将教学的重点偏向于问题心理的研究上,比如焦虑、忧郁、自卑等情况,教育的对象也是仅仅限制在有心理问题的学生身上,只是对他们出现的问题进行研究分析,不去过多地关注他们心理的发展过程和未来发展情况。在课程设置上,大部分高校的心理健康教育学都采取选修课的形式,或者以简单的讲座形式,在心理辅导过程中,也是个别的诊疗式方法,讲座内容多是针对消极心理问题展开,在讲授的过程中会渲染消极心理的危害性。心理学的教学体系也不够完善,没有完整科学的知识体系,这样势必会让教师和学生更多地关注消极的心理或者不健康的心理状态,而忽视了积极的心理因素,这种干预性的教学方式不利于学生心理的积极发展。消极心理学的教学模式直接否定了心理学的中性特质,忽视了人更需要的积极心理因素的引导,过多地注重医学层面上的"治疗",而忽视了对心理问题的预防和积极引导,积极的心理学更应该关注学生优秀品质的培养,而不是去改变现有的品质特征。

(三)大学生心理健康教育对象有限

目前,高校的心理学教育关注点在消极心理学方面,研究的理论基础也是消极的心理学,他们通常认为只有消除心理疾病就是健康的象征,但是从心理学的角度来看,仅仅是没有心理疾病并不代表就有健康的心理状态。所以,心理学教育过少地关注学生本身的心理状态,尤其是多数学生的心理现状。在具体的操作中,高校的心理健康教育很多情况下处于被动的状态,他们几乎不会主动去引导学生,而是等有问题的学生寻求帮助,再进行针对性地诊疗,这种单一性的救助方式并不能让学生具有主动解决心理问题的能力,他们更不知主动去寻找勇气、乐观、幸福等积极的因素的方法,大学心理健康教育学的局限性,使大多数学生并不能从中学到积极的东西,甚至出现了谈"虎"色变的地步。

(四)大学生心理健康教育学师资良莠不齐

目前,高校中心理健康教育学师资队伍良莠不齐。一个原因是教师数量不足。普通高校心理学教师的数量较少,而且专业的心理学教师更少,尤其是在一些工科院校更是如此,很多学校都让学生辅导员承担心理学的教学责任,在入职筛选中,他们会尽量选取有心理学和教育学背景的应聘者担任辅导员,但是这些教师在成为辅导员之后,由于工作大都比较繁重,所以还是有很少的人会关注每个学生的心理状况。另一个原因是高校的心理学教育处于一种孤立无援的地步,只有极少数教师在进行学生心理问题的解决,其他的教师或者家长、社会都对学生的心理问题漠视,通常情况下他们根本发现不了学生心理存在的问题,所以,亟须建立完整的心理学教育体系,让每个人都关注心理问题,而不是把责任推给仅有的几个心理学教师。

四、对大学生心理健康教育中积极心理学的探索

（一）建立清晰的积极心理健康教育学的目标

高校应该转变心理健康教育学的教学目标，将之前的消极心理的教学目标，转变为积极心理学的教学目标，要逐渐培养学生乐观积极的心理状态，培养他们的幸福感。不仅仅要关注极个别人的心理问题，要将视野放在所有学生或者整个人类本身上。在现在的社会发展背景下，人们的物质生活水平有了很大的提升，他们关注的重点不再是生活所需，更多的是精神需求。追求精神上的幸福是人类的共同目标。所以，心理健康教育学也应该紧跟这一目标，让学生通过校园生活建立积极、乐观的生活态度和正确的人生观和价值观，只有这样，在未来社会中，他们才会保持这种健康的心理状态，不断激发他们自身的潜能，使自己的生活更加幸福。

（二）建立完善的积极心理健康教育学体系

对大学生积极心理学的教育内容体系的构建，首先要培养他们树立正确的自我认知观念。不管是积极的心理状态，还是消极的心理状态，都是由他们的自我认知观念引起的，它有设定生活目标的功能，积极健康的自我认知观念可以让人们拥有乐观的心理状态。在大学生心理教育的过程中，教师要积极地引导学生对自己的心理状态有一个全面的了解，通过课堂所学内容和社会实践，逐渐建立起自己的心理认知观念，懂得自我肯定和自我批评，能够客观地看待生活或学习中出现的问题，了解心理现象出现的合理性，从积极心理学的角度来看，对自我的肯定，尤其是对自己长处的挖掘，这样才能不断实现自我价值，在人际交往的过程中，要善于接受自己和他人，协调好理想与现实中的自我差异，不矫揉造作，也要不卑不亢，不断地树立正确的自我认知观念。

（三）构建积极的校园支持平台

人是社会性的，大学生的成长最主要生活环境是校园，所以，要想建立积极心理学的教育体系就需要有积极的校园支持平台。积极校园平台的建立，需要从学校的规章制度、管理体系、教学体系等出发进行综合分析研究。完整的心理学教学体系对大学生健康心理的形成至关重要，这套体系的建立首先要根据明确的规章制度和法律规范来制约，尤其是优良的学校氛围，可以使教学氛围得以优化，大学生在学习中可以找到自己的人生价值和认同感与归属感。积极的教学理念是校园平台建设的关键，只有以积极的观念来引导，传统的心理健康教育学才能进行重新定位，才能不断地更新

和完善管理体系,让学生积极快乐地参与到学习和生活中,最终拥有积极健康的心理,拥有幸福的生活体验。

我国高校承担着为社会主义现代化建设培养人才的重任,在社会极速的发展过程中,人们的心理健康直接影响着工作效率,所以,高校的心理健康教育学任重道远。从目前的心理健康教育学现状来看,虽然取得了一定的教学成果,但是由于受到传统消极心理学的影响,在教育过程中学校过多地关注了少部分心理有问题的学生,忽视了大多数学生的心理状态,所以高校要更新教育理念,培养学生的幸福感,让学生接受积极心理学教育,让他们的生活更加乐观幸福。

第三章 互联网心理健康教育模式构建

第一节 互联网心理健康教育实践研究

随着信息技术的高速发展，互联网教育日益兴起，对大学生心理健康教育实践提出了新的契机和挑战，发挥互联网优势可以为心理健康教育提供新途径、突破时空限制和及时了解学生动态，建设互联网大学生心理健康教育实践，需要通过构建互联网大学生心理健康教育课程、调查、档案、咨询等模式来实现。

在网络技术快速发展的时代，5G时代即将来临，互联网的发展给大学生心理健康教育实践也带来一定的挑战和机遇。在整合信息技术优势的基础上，将心理健康教育同互联网相结合，借助互联网优势，促进大学生心理健康教育与时代发展同向同行，能够有效提高教育的针对性、实效性，并且有利于大学生心理健康教育工作良性发展。互联网与大学生心理健康教育实践的融合，拓宽了高校心理健康教育实践的途径，更新了心理健康教育实践的资源，拓展了大学生心理健康教育实践的模式，可以更加及时、便捷、有效地为大学生心理健康服务，为大学生健康成长成才助力护航。

目前，高校虽然构建了心理健康教育实践工作体系，但是专职心理健康教育教师相对高校学生数量严重不足。尽管有个别高校通过输送辅导员参加心理健康教育知识培训后，作为兼职心理健康教师，但是辅导员自身工作事务容易影响心理健康教育工作，在具体开展大学生健康教育实践上很难脱离辅导员的身份，说教的味道过浓，学生也会顾及教师的辅导员身份，不能真正敞开心扉，开展心理健康教育的效果不是很理想。以笔者所在高校为例，心理咨询中心有2位专职人员和6位兼职教师。学生如果有心理问题需要咨询，受教师人数限制，只能先行预约，咨询中心工作人员根据心理健康教育教师工作安排约定心理帮助的时间，学生心理问题在一定程度不能及时得以解决。学生获取心理健康知识主要通过心理健康教育选修课，每年选修人数在600人左右，主要针对大一学生开展，全校每年招生3 000人左右，覆盖面在20%左右。

心理健康教育知识获取形式较单一。心理健康教育必修课和选修课是高校学生获取相关知识的主要渠道，在课堂之上被动接受教师的传授，效果较差。由于大学生来自不同的省份、不同的家庭等，存在的心理困惑有所不同，统一的教育模式忽略了学生的个体差异。课外主要通过525心理活动月等宣传活动进行知识普及，普及效果不好评估，缺乏互动环节和针对性。而90后的大学生个体意识比较强，不喜欢说教式的理论灌输教学方式，他们乐于关注自己喜欢的和需要的，对于符合自己价值观念的，能够深入下去，致使传统心理健康教育实践效果甚微。

心理健康教育渠道存在一定限制。传统心理健康教育在解决学生心理问题方面主要是通过面对面的心理咨询，由于心理咨询在我国发展历史较短，学生对心理咨询普遍存在一定排斥。学生有心理问题时，一般选择自己扛着，不敢向别人倾诉，生怕被别人贴上标签，缺乏心理咨询安全感，致使很多有心理问题的学生没有及时向心理咨询专业人士求助，致使一部分学生心理问题由一般心理问题发展为严重心理问题，甚至更加严重。

一、互联网大学生心理健康教育实践优势

（一）为高校心理健康教育提供了新的路径

目前，大学生都在使用智能手机或者移动互联设备，这些移动互联终端可以非常方便并且快速地获取信息，他们的校园生活每时每刻都离不开微信、QQ等网络工具，在互联网上他们可以隐藏自己的真实身份，发表匿名言论，学生可以毫无顾忌地在网络上倾诉自己的问题，在一定程度上缓解心理压力。另一方面，学生当出现心理问题时，可以匿名注册新账号，与心理健康教育教师进行交流帮助，他们可以毫无顾忌地表露自己的真实想法，因为网络另一端的教师无法知道他们的真实身份。心理健康教育可以针对网络上反映的问题数据加以分析整理，初步给予相应帮助，能够比较及时有效的与问题学生建立良好的链接。

（二）突破了心理健康教育的时空限制

移动终端可以随时随地获取信息，在这信息高速传输的互联网世界里，高校心理健康教育教师可以运用多媒体技术，通过多种多样的信息传输方式，不受时空限制地向学生传播心理健康知识，以学生乐于接受的方式，引导学生树立正确的心理健康观，参与到心理健康教育活动中，进而在有问题的情况下接受心理帮助，可以保证针对学生自述情况，及时给予相应心理帮助，可以大大提高心理健康教育的及时性和有效性。突破了课堂教学载体的有限性，扩展了心理健康教育工作的方式方法，增强了心理健康教育工作的覆盖面、有效性、及时性。

（三）提供了心理健康教育自我服务的路径

互联网的发展给心理健康教育带来了丰富的教育资源，学生具有更多的自主选择性，可以根据自己的心理问题选择符合自己需要的服务信息，例如可以选择自己了解并且喜欢的教师讲授的课程，这样他们可以更加容易学习知识，更加信任教师的讲解，也可以参与自己了解的话题讨论，在讨论中互相学习借鉴，激发其自我管理、自我服务、自我成长的潜力，更有利于学生自身健康成长[7]。这种路径减少了说教意味，更重要的是学生自我获取，根据自己所需，主动开展相关知识的学习，由要我学变为我要学，学生的学习积极性提高，学习效果较好，在潜移默化中接受了心理健康教育。

（四）可以及时了解学生心理问题状况

通过传统的面对面调查或者问卷调查，学生容易对自己的问题有所顾忌，对问题选项加以揣摩，从而影响数据的真实性，增加了大学生心理健康教育的难度。互联网具有一定藏匿身份的特点，对于大学生来说是一个极好宣泄情感的平台，他们通过学校专题网站或者贴吧等，在其上发表自己的看法、表达自己的心情。由于身份的隐秘特性，学生所表达的内容比较真实可靠，与学生内心吻合度较高，这些都为心理健康教育教师提供了获取信息的渠道。教师对所获取信息进行整理分析，可以了解到学生心理健康整体状况，把握学生心理动向，提高工作的针对性和时效性，便于精准开展心理健康教育工作。

二、互联网大学生心理健康教育实践的途径

（一）构建互联网大学生心理健康教育实践新平台

构建互联网＋心理健康教育平台需要高校建立心理健康教育专题网站，学生借助移动互联网终端接收和反馈信息。由学校心理咨询中心运营这个网站，以学校兼职心理健康教育教师为补充，以院系辅导员为载体，在互联网上可以隐匿兼职教师的辅导员身份，通过在网络上获取的学生问题信息，加以整理分析，容易解决的问题，可以在网上互动解决；对于问题较复杂的，可以在网上沟通建立信任后到咨询室通过面对面的方式重点解决。以班级心理委员为朋辈辅助的平台，以同学朋友的身份，通过以心换心的交流，发现同学的问题，在沟通交流中、在日常生活相处中，帮助同学应对问题，但是前提必须是心理委员具备一定的大学生心理健康教育知识，对大学生普遍存在的诸如学习适应问题、宿舍同学关系问题、人际交往问题、恋爱和性问题、择业压力问题等等进行专业指导和帮助。在互联网＋心理健康教育实践的具体路径上，要向多元化的方向发展，不仅强调知识的获取，也要重视认知的接受与改变，而且更加强调在互联网中的自主性、互动性。

（二）构建互联网大学生心理健康课程体系

目前，高校普遍采用网上选课，也在尝试一些课程的慕课、微课，互联网+教育在一定程度上正在改变中国教育的发展，移动互联网终端正逐渐成为大学生学习和生活的必备要件。高校可以在校园网上建立心理健康教育专题网站，将适合的心理学课程放到网上，可以借鉴全国知名专家的讲座内容，也可以组织本校教师制作精品课程，发布到校园网站上。学生可在专题网站上选择适合自己状况和爱好的心理健康类课程，也可通过校园APP在线学习。学习平台可以通过微信公众号向学生推送比较普遍的、常见的大学生心理健康教育相关知识，学生存在问题疑惑可以通过QQ群或微信群讨论问题或向老师提问。通过互联网的互动学习，既有利于同学与同学之间的相互交流，也有利于学生正确对待心理健康问题，使大学生能够认识到大部分同学都有类似问题，能够直面心理问题，而不是讳疾忌医，对于心理问题避而不谈，在整体上可以提高大学生对心理健康的正确认识，从而提升大学生心理健康素质。

（三）构建互联网大学生心理健康教育调查体系

心理调查是学校心理健康教育工作人员获取学生心理状况的主要途径，获取学生心理状况在一定意义上比解决问题更重要，作为高校只有准确掌握学生的心理数据，才能有效开展相关教育教学活动，才能制定符合本校学生特点的工作方案，以及制定各种心理应激预案，才能提高大学生心理健康教育实践的针对性和有效性。传统问卷调查的发放和回收都有一定难度，统计回收数据信息，更是需要一段时间，时效性不强，而且学生需要集中填写问卷，缺乏私密性，学生在填写时都会有所顾忌，怕被别的同学看到自己的问卷。借助互联网开展心理调查就非常方便快速，学生可以随时随地利用手机统一登录某个网址，在网上填写调查问卷内容并提交，系统就可以自动完成数据统计分类。心理健康教育教师可以在第一时间内通过后台了解学生状况，并对学生状况进行分类整合，为高校心理健康教育教师合理有效地开展工作指明了方向，并且可以针对某个学生的个人情况进行有针对性地开展心理健康帮助。

（四）构建互联网大学生心理健康教育档案系统

目前高校都会在新生入学后进行心理健康教育摸底普查，了解学生心理健康状况。学校通过网络系统建立每个学生的心理健康档案，借助互联网建立大学生心理健康教育档案大数据，可以分析不同年级、不同地域、不同家庭学生的心理健康教育特点，便于开展心理健康教育研究。互联网+大学生心理健康教育档案可以方便调取每个学生的成长档案，也便于及时更新增加内容，相比传统档案应用性较强，使用更加方便，为开展心理健康教育研究和分析提供了便利渠道，提高心理健康教育的实效性和针对性。心理档案包括学生的基本信息、既往病史、早期教育情况、心理特点、心理测验结果、心理咨询记录等,能够方便心理健康教育教师从整体上把握学生的心理现状,在使用和调取时,只要输入学生基本信息,就可快速调出学生在校四年的心理健康档案。互联网心理档案建立后,最重要的就是依据学生的心理变化进行不断更新,保证信息处于最新状态。

(五)构建互联网 + 大学生心理咨询系统

互联网大学生心理咨询是借助网络工具的优势,运用传统理论方法,帮助有心理问题的大学生在其喜欢并乐于接受的方式完成心理自助的一个过程。例如对于存在一般心理问题的学生,可以通过互联网 + 心理咨询改变其不合理认知,使其走出困惑,恢复心理健康。对于具有较严重心理问题的学生也可通过互联网交流了解其状况,在互联网咨询的同时建立初步信任关系,不断提高学生自我认知和对心理健康教育的新认识,对于不能通过互联网咨询的问题,可以在互联网咨询的基础上增强对教师的信任,进而到心理咨询室开展更进一步的咨询帮助,给其提供专业的、有效的帮助。高校积极开展网络心理咨询,不仅有利于心理辅导教师更清楚地了解学生的真实想法,而且有利于心理健康知识的普及。对于学生关注度较高的热点问题也可以通过QQ群、微信群,进行一对多的咨询帮助,用专业的合理的心理健康教育知识引导学生树立正确的认知。

互联网大学生心理健康教育实践模式的构建,在很大程度发挥了互联网优势资源,优化了传统心理健康教育模式,更好地发挥心理健康教育作用,为大学生心理健康教育注入了新鲜血液,提升了心理健康教育效果。但互联网资源也存在一些弊端,在与心理健康教育融合过程中,不能全盘要求与互联网相结合。在具体开展心理健康教育实践过程中,不应过分强调使用互联网,从而忽视了传统教育活动的优势,不应过分注重互联网形式,而全盘否定传统教育模式。两种方式教育自身各有优缺点,应当在适合并恰当的条件下,两者相互融合,以便更好地促进大学生心理健康成长,这仍是一项任重道远的工作。

第二节　互联网心理危机预防教育

随着互联网的快速发展,网络广泛普及于大学生的日常生活和学习中,成为大学生不可缺少的部分。但是,互联网的发展在给大学生带来诸多便利的同时,也给大学生的心理健康造成了一定负面影响,包括认知危机、情感危机和人际关系危机。对此,高校要加强互联网心理健康教育教学活动和宣传、建设互联网大学生心理危机教育预防系统、完善互联网大学生心理危机教育干预机制，保障大学生在互联网的心理安全。

互联网是一个包容自由的信息沟通分享平台，也正因为其包容、开放且自由的特点，它已成为大学生日常生活发表观点和交流的主要平台。《2018中国大学生日常生活及网络习惯调研报告》显示，至少有86%的大学生在进入大学之前就开始使用手机上网，且大部分的大学生都会在日常使用QQ、微博、微信、网络短视频等应用。由此可见，越来越多的大学生开始成为互联网活跃分子。不过，任何事物都有两面性，互联网在给大学生正面心理影响的同时也可能给其带来负面心理影响。因此，本节将分析探讨互联网大学生心理危机预防教育。

一、心理危机预防的必要性

心理危机通常指的是一个人所处于的境地超过了其应对问题的能力和周围资源的支持，从而产生的暂时性心理失衡状态。心理学家卡普兰的观点是，心理危机是心理上遭受外部刺激或者受到打击，从而引发的创伤性反应。高校大学生心理危机一般都具有突发性、普遍性、复杂性以及危险性等特征，而心理危机的成因往往包括许多种，如认知方面、情感方面、人际关系方面等。大学生一旦发生心理危机，如果缺乏社会的有效支持，就很可能出现自伤事件，对学校、家庭和社会造成严重负面影响。因此，互联网下大学生心理危机预防教育的开展十分重要，针对处于心理危机状态的大学生个体采取行之有效的措施，能及时给予大学生以适当的心理援助，帮助其尽快脱离困难，恢复积极的心理健康状态。

二、互联网大学生心理危机普遍分类

认知危机。互联网下，很多大学生的认知正逐渐向着消极的方面发展，原因分为两方面：一方面是互联网的依赖和使用会使大学生丧失与人面对面交往交流的机会，致使大学生无法充分体验大学生活，阻碍大学生的认知健康发展；另一方面是因为大学生接触大量的网上亦真亦假的信息内容，但却难以在短时间内消化处理，容易被人诱导，认知产生偏差，甚至出现思维混乱、网络成瘾等问题。

情感危机。互联网平台上，人和人之间不需要面对面就可以进行交流，虽然有不受空间时间限制的优势，但也让大学生难以体会面对面交流的情感互动，无法感受现实生活中丰富的情感变化，丧失现实人际交往情感交流能力。而当大学生遭受人际交往情感挫折后，其大多会从网络上寻求安慰，最终导致情感的异化和迷失。

人际关系危机。大学生过集体式生活，而网络的沉迷和依赖会占用同学间互相交往和集体活动开展的时间，从而阻碍学生人际交往能力的培养。网络具有开放性，并没有成文的规定可以保护网络人际关系。这会使一些不法分子借助网络这一掩护，欺骗诱惑大学生，获取其身份信息，谋取钱财甚至威胁人身安全，而被欺骗和伤害的大学生容易自卑或走极端，出现信任危机等各种心理问题。

三、互联网大学生心理危机预防教育具体策略

加强互联网心理健康教育教学活动和宣传。就互联网下大学生心理危机的有效预防目标的实现要求高校不应当只关注心理危机事件本身，而应该更长远地考虑应当怎样去预防和避免心理危机事件的发生，从心理健康教育入手，开展预防教育。

第一，高校应当将互联网心理健康教育作为一门重点课程，并纳入教育方案中。教师可以通过慕课、微课等新型教学模式，丰富课堂教学资源，以实际例子来引导学生正确了解互联网对心理健康的利与弊的影响，让学生学会科学合理地使用互联网技术，明白沉迷于互联网的不良后果，并鼓励学生合理安排上网时间，多与人进行面对面交流交往，充分利用互联网的优势，排除互联网的危害，预防心理危机。

第二，高校可以组织开展各种互联网心理健康教育相关的校园活动，如青少年心理领域权威专家宣传讲座、心理健康知识竞赛、心理健康案例教育短视频拍摄等，以此在校园范围内营造良好心理健康教育氛围，促进预防教育的开展，降低大学生心理危机出现概率。

第三，高校可以打造心理健康教育"两微一端"（微博和微信客户端）宣传平台。当前，大学生对校园传统宣传的兴趣度和关注度不高，因此，高校应当把握大学生主要关注的网络新媒体，顺应发展潮流，将高校心理健康教育和微博、微信联系在一起，通过官方微博、微信公众号等搭建起新型心理健康教育宣传平台，让这些知识更容易被大学生接受，提升宣传效果和效率。

建设互联网大学生心理危机教育预防系统。互联网下建立起的大学生心理危机预防系统，是充分发挥心理危机预防作用的主要渠道，具体可分为以下内容。

第一，借助网络平台建立心理危机评估预警数据。高校可以利用网络平台（QQ、微信、微博），发展评估和预警相联合的心理危机预防体系。首先，高校可以通过平台，从成长历程、人格特点、生活琐事、社会支持以及抑郁情绪等方面对大学生进行心理危机评估，再由专业心理人员对评估出心理危机的大学生进行心理危机等级评估，然后采取针对性的疏导治疗。其次，高校心理健康教育中心、二级学院以及心理委员可以组成心理危机预防三级网络，由心理委员负责使用网络平台（QQ空间、微博、微信朋友圈）

实时记录学生的心理状态和发生的影响心理状态的时间，建立心理健康状态数据库。二级学院和心理健康教育中心则负责每日查看数据，将其中可能出现心理危机的学生提取出来，施以教育帮助。

第二，搭建心理危机预防网络平台。高校可以给大学生提供心理咨询服务和专业心理测评网络平台，通过该平台，让大学生能自行根据自己的不良心理状态进行检测，并获得准确的心理测评指导和测量结果解析，从而让大学生自我发现并主动寻求心理帮助。平台监测人员也可以根据检测情况，对存在心理危机的学生提供帮助，建立大学生心理危机干预档案。此外，平台还需提供管理工具，以方便心理危机预防工作者使用网络系统工具准备教育材料，以及预先设置教学情境，更好地引导学生进行心理危机自主预防和教育学习。当然，学校也可以把学校的心理健康教育活动课上传到网络上，充分利用网络大量教育资源的优势，给予学生自主选择学习心理健康教育课程的权力，从而提升教育活动的交互性和积极性，把原本的教师主导教育的模式转变为师生互动学习沟通模式，让学生主动探究自身心理危机问题，并积极解决问题。

完善互联网大学生心理危机教育干预机制。随着互联网在大学生日常学习和生活中扮演的角色越来越重要，针对其对大学生造成的负面影响，高校应当立足于互联网这一平台阵地，抓好心理危机预防教育人才队伍建设、加大心理危机预防教育资金投入，构建心理危机干预联动网络，最终实现预防大学生心理危机发生的目的。

第一，加大心理危机预防教育资金投入。心理危机预防教育道阻且长，不是一蹴而就的任务，而是需要持续坚持和完善，并充分调动高校各部门教育积极性，以预防为主，多层次、全方面地建立起心理危机教育干预机制。当前，我国高校在心理危机预防健康教育方面的资金投入有所增加，但仍无法完全满足大学生的心理健康教育需求。因此，高校应当加大资金经费投入，以更好完善心理危机干预和预防教育体制。

第二，构建心理危机干预联动网络。通过联动网络的构建，高校领导和相关部门可以实时掌握心理危机预防教育工作的开展情况和效果，并做出调整优化指导。此外，教师也可以根据网络排查，更好地了解学生心理状态，从而应用合适干预方法帮扶学生，降低心理危机不良事件发生的可能性。

第三，建设心理危机预防教育人才队伍。互联网，高校心理危机预防教育人才队伍不仅要具有专业的心理学教育知识，还要能顺应时代发展趋势，时刻强化自身互联网意识和互联网能力，提升自身综合互联网信息素质。

总而言之，互联网下，大学生心理危机预防教育是大学生心理健康教育中重要的一部分，也是预防大学生心理危机，改善大学生心理状态，降低心理危机事件发生可能性的预防对策。就当前大学生互联网普遍存在的认知、情感、人际关系等方面的心理危机，高校应当加强互联网高校心理健康教育教学活动和宣传，建设互联网大学生心理危机教育预防系统，完善互联网大学生心理危机教育干预机制，来保护大学生身心健康。

第三节 自媒体时代心理健康教育创新研究

随着智能手机的不断推广，移动互联网技术的迅速发展，自媒体在大学生日常生活中运用得越来越广泛，开始多角度多方面地影响大学生的学习和生活，也成了高校教育研究不容忽视的因素。基于此，选择以大学生心理健康教育为切入点，结合自媒体的特点，分析自媒体如何对大学生心理健康教育产生影响。在此基础上探讨推进大学生心理健康教育工作的途径，思考在自媒体时代如何将心理健康教育进行创新，拓宽心理健康教育思路，构建更多的平台，更好地把大学生的心理健康教育落到实处。

随着近年来科技的发展，智能手机和平板电脑不断普及，使得大学生获取信息、知识的渠道有了很大的扩展。大学生获得资讯、与人交流等多种需求所借助的媒介逐渐被微博、QQ、微信及其他各种自媒体所替代，可以说在如今的大学生活中，无论是学习、工作还是生活都逃不开自媒体的使用，自媒体带来了更为丰富的信息，更为便捷的生活，大学生的社交和娱乐也很大程度上依赖自媒体的使用。作为高校心理健康教育工作者应该主动思考如何有效利用自媒体开展大学生的心理健康教育工作，应对大学生日常生活、学习中遇到的各类问题，更好地提升大学生心理健康教育水平。在自媒体时代的创新能力，很大程度上影响了大学生心理健康教育的深度、广度和效果。

一、自媒体时代的概念及特点

自媒体 (We Media) 与传统媒体不同，主要传播者是个人，是个人利用网络或是其他媒介向特定或是不特定的人群传播各种信息的一种新型媒体。通俗地说，自媒体就是个人通过网络途径，发表或是发布和自己相关或是自己亲身见闻的消息，通过这种方式来传播自己观点的一种媒体。自媒体的实质就是一个普通人依靠信息终端，如微博、微信、QQ等多种渠道将自己的所见所得公之于众，与外界相连接的工具。

在自媒体更多地参与人们的生活的同时，原本存在明显界限的"传播者"和"受众"也越来越融合，个人在信息传播中也有了多重角色的可能，在日常生活中可以很轻易地成为主动的"传播者"，也因为自媒体平台的发展，这一传播速度比传统媒体时代快很多，便捷很多，人们已经越来越习惯在自媒体平台上发布自己的所见所闻、所思所感，因为在发布的同时，也能带来一定的交流可能性。

二、在校大学生自媒体使用现状

中国互联网络信息中心（CNNIC）在2017年的1月份发布的第39次《中国互联网络发展状况统计报告》中指出，到2016年12月份，我们国家的上网人数已经达到7.31亿，互联网普及率已经超过50%，已经高出亚洲的平均水平7.6%，高出全球水平的3.1%。统计数据显示，2016年我们国家的新增上网人数4 299万，与2015年相比，上升了6.2%，目前我们国家的上网人数已经赶上欧洲的总人口量。主要通过手机上网的网民已经将近7个亿，占据上网人数的90%，并且逐年呈现递增的趋势，笔记本电脑以及台式电脑上网的人数逐渐减少，手机已经成为主要的上网模式。因为最近几年来，移动端的上网技术不断发展和运用的逐渐普及，智能手机和平板电脑等移动设备已经进入大多数人的生活圈，作为自媒体中使用频率较多的社交软件，微信和微博已经成为我们日常生活中不可或缺的交流工具。自媒体的时代已经到来了，如今当代的大学生对新生事物充满好奇，也具备自媒体使用的相关知识，自然而然地成为自媒体使用的生力军，自媒体也在大学生的日常学习工作和生活中起着越来越重要的作用。

三、自媒体时代对大学生心理健康的影响

在当前的大学校园生活中，微博、微信、贴吧、论坛、QQ等即时通讯平台是自媒体传播的主要方式。自媒体一方面给大学生的心理健康带来积极的影响，另一方面也因为学生个人或其他原因造成一些大学生的心理问题。

自媒体创设了大学生表达自我，拓宽人际交往的平台。大学生处于特殊的心理发展阶段，对表达自我的需求、社交的需求、得到认可的需求都处于一个相对迫切的阶段，随着自我意识的不断发展，大学生个体有一定的社交需求，也需要在大学阶段培养自身的社交能力，而在校园的日常生活中，大学生进行面对面交流的人群受到范围和时间的限制，存在一定的局限性，自媒体平台拓宽了人际交往的平台，能够通过自媒体，将愿意公布于自媒体平台的活动、感想表达出来，对于大学生个体而言也是一种寻求交流的机会。

自媒体给大学生提供了缓解压力，寻找"心"能量的渠道。大学阶段是个体身心发展的重要阶段，在每个阶段面临不同的压力，有新生适应期的压力，有人际交往的压力，有学业困难的压力，也有实习就业期间遇到的压力，很多学生会在大学阶段遇到各种心

理困惑，又由于大学生的心理成熟度较低，如果无法及时地将不合理情绪排解和宣泄，很容易造成个体的焦虑和抑郁情绪，这样对于他们的心理会有很大的影响。目前的自媒体的发展速度非常快，个人移动多媒体终端也越来越普及，在日常工作学习生活中，大学生如果想要表达自己的观点，分享内心的想法和思考，或者是宣泄自己不管是好是坏的情绪时，只要通过自媒体的方式，将自己的想法或是心情表达出来，除了这种方法，大学生可以将关注点放到各种相对乐观、积极的以及专业支持的媒体，利用这些媒体提供的心理咨询或其他心理健康服务去补充个人心理健康的知识，合理调节自己的情绪，提高自身的心理健康意识，从而正确地去面对心理的压力，通过正确的方法去解决自身的压力。所以，现在的网络传媒平台中，已经出现越来越多的自媒体，既能满足大学生表达自我、寻求认同的需要，也可以让大学生较好地释放自身的压力以及调节自己的情绪。

自媒体容易造成大学生的手机依赖，进而带来睡眠障碍及其他心理问题。自媒体因其便捷的操作性、传播的时效性等特点飞速发展，但由于自媒体信息资源庞大，良莠不齐，各种APP的研发和使用已经渗透到大学生生活的方方面面，大量的资讯、生活的便捷、出行的网约交通工具，等等，既方便了大学生的生活，也在很大程度上占用了大学生的时间，使得很多大学生在一定程度上存在手机依赖的现象，而手机依赖不仅严重影响学生的身体健康，也容易因为长时间地使用手机造成睡眠障碍和其他心理问题。在过往的研究中发现手机依赖是大学生睡眠状况差，心理出现问题的高危因素。大学生需要有较清晰的筛选标准，知道如何进行时间管理等自我管理，才能降低自媒体带来的不良影响。

四、自媒体时代大学生心理健康教育创新的意义

2016年8月，国家主席习近平对于全国的卫生以及健康工作做出了重要指示，认为心理健康问题需要及时解决，在此基础之上不断进行心理疾病以及心理健康的辅导，多多开展心理咨询以及心理治疗的健康服务工作。之后，习近平主席又提出需要将思想教育教学的工作深入到高校的思想政治工作之中。现在的新媒体是一个大的发展趋势，习近平主席提出需要将新媒体运用到工作当中，将信息技术以及思想政治工作紧密地联合起来，跟上发展的趋势，加强时代感以及提高吸引力，要做到具体问题具体对待，跟上时代发展的步伐，根据时势不断创新。在自媒体时代，心理健康教育工作者要在日常实际工作中思考如何创新现有的工作模式，结合自媒体时代的特点进行创新和拓展，否则就很难将心理健康教育的作用发挥出来，落实下去。因此，我们需要在自媒体时代下，调整工作的角度，拓展自己的思路，对于大学生心理的健康教育需要从自媒体的角度重

新看待，必须深刻地认识到自媒体对于大学生心理健康教育的重要意义。

搭建大学生心理健康教育工作新平台。目前，多数高校开设的心理健康课程主要是针对大学生心理的健康问题，现在的高校校园里已经设立专门的心理健康中心面向学生开展心里普查、危机的预防、学生心理咨询服务，还包括学生的各种心理健康工作、校园的心理健康活动等，而在自媒体不断进入学生日常生活的现在，高校学生工作也已普遍进入自媒体时代，包括"易班"平台的推广，有越来越多的官方组织建立自媒体平台，大学生的心理健康教育工作也需要积极探寻新的平台，要充分利用自媒体开放、便捷、互动良好的特点，突破原有高校心理健康教育形式较为单一、互动性不够好、与学生生活存在一定距离、内容理论性较强等局限，搭建以自媒体平台为依托的心理健康教育平台，将心理健康教育融合到大学生的校园生活，做好心理健康知识的宣传普及，校园心理健康氛围的营造，将心理健康教育工作融入学生四年大学生活的方方面面，拉近心理健康教育工作者与学生的距离，更好地形成大学生心理健康教育的工作体系。

掌握学生心理健康动态和特点的新途径。00后如今已开始进入大学校园，他们是新时代下成长的一代，他们大多数都已经接触或是正在接触互联网，多数人通过各种论坛、贴吧、微信或是微博进行社交，这些新兴的、便捷的自媒体平台是他们更为偏爱的方式和途径，在这些平台上，他们愿意自由地抒发情绪，也期望在这些平台上能够找到心理上的安慰。之前的高校心理健康辅导的体系还不是很完善，心理教师的水平参差不齐，并且对于心理健康教育工作的认识上还存在着很多的不足，这样就让从事心理健康教育的人士所了解的情况与学生真实的心理健康动态之间存在一定的距离，学生有时容易出现不愿意向心理学专业教师寻求帮助的误区，特别是涉及隐私或存在一定自卑意识的学生，甚至会出现主观上回避问题的行为，这都使得大学生的心理健康的动态和特点不能得到及时地掌握和运用，影响大学生心理健康教育工作的实效。而现在，自媒体的传播让从事心理健康教育的教师、高校的辅导员以及各个班级的心理委员以及宿舍的心理信息员，都可以根据自媒体平台上呈现出的信息，及时了解和掌握关于学生心理的情况，及时地了解学生的心理健康动态，有针对性地跟进重点关注学生，也能运用大数据的思维，搜集整理并总结规律，结合工作实际，归纳大学生心理健康状况的动态和特点，分析出心理健康教育工作开展的方向和重点，切实做好心理健康教育工作。

提供大学生心理咨询、心理互助的新渠道。在传统的大学生心理健康服务体系中，专业心理咨询师提供的咨询一般为面对面的交流形式，然后，在心理咨询实践中会发现，有一部分有意愿来咨询的学生会因为存在对隐私性问题的顾虑等原因最终选择放弃咨询，在预约咨询后出现流失，而在咨询工作中也普遍存在较为被动等待学生来访的现象，或者是由辅导员劝导存在心理困惑需要咨询的学生前来咨询，在一定程度上影响大学生心理咨询的覆盖面和时效性。通过自媒体平台，可以拓宽心理咨询的渠道，心理咨询师、朋辈心理辅导员都可以方便地参与其中。这样的办法既可以使得心理健康的知识以及技巧得到有效的传播，也可以与同学们进行广泛的交流，包括心理上方方面面的问题，对于解决学生们的心理健康问题有很大帮助，与同学们的交流方式还可以通过直接的线上交流，解除学生们心理上的障碍，帮助他们正确地面对生活和人生。自媒体的方式，一方面是用学生喜欢、习惯的方式拉近距离，另一方面也可以将一些问题解决在萌芽阶段。

五、自媒体时代大学生心理健康教育创新的途径

充分运用自媒体，传递正能量，营造和谐心理氛围。大学生处于价值观形成的重要时期，现如今的大学生心理健康教育，还是需要通过自媒体的方式，关注大学生心理健康的新趋势，一方面在自媒体平台上收集信息，充分利用大数据环境，对大学生使用自媒体的情况有所了解，并在此基础上进行一定的研究和探讨；另一方面又通过自媒体传播正能量，在实际工作中发挥自媒体平台优势，积极宣传心理健康知识，引导大学生树立正确的社会价值观，倡导大学生关注自身心理健康，积极寻求正能量的价值理念，在日常学习和生活中营造良好的心理氛围，关注心理健康水平的"温度计"。

构建自媒体平台，拓宽心理健康教育渠道。与以前的大学生心理健康教育比较，自媒体有其优越性，心理健康教育工作者应顺应自媒体时代的趋势，建立心理健康教育的微信公众号，在公众号的运营中，发挥学生干部队伍的创造力，强化各级心理辅导站的作用，调动班级心理委员、宿舍心理信息员的积极性，在使用公众平台的基础上，发挥个人自媒体的灵活性，有意识地主动传播和普及心理健康知识，关注心理的校园氛围的营造，多渠道拓宽心理健康活动信息的发布平台，逐渐将心理健康教育工作落实到学生身边，从而能更及时、全面地了解大学生心理健康的具体情况，将心理健康教育工作落到实处。

利用自媒体工具，建立心理健康教育的多级体系。在院、系等组织中，发挥自媒体的作用，保证心理健康教育体系的畅通，可以利用各大高校中的心理健康辅导中心，开展包括心理健康教育、心理社团服务等活动，以及开设院级的心理健康教育课，其中的专业骨干人员以及志愿服务的学生可以创建属于自己的微信公众号，建立起心理健康的官方自媒体。使用创建出来的自媒体平台，可以进行内容的整合，信息的推送，编辑学生们感兴趣的心理健康内容定时地推送给学生。这样的方式不仅可以有效地宣传心理健康教育的知识，也可以让大学生在不断的实践中反省和提升自己。

第四节　互联网心理健康教育课程新形态立体化教材的建设

　　教材作为课程的基础核心载体，教材质量直接关系到心理健康教育课程的质量与实效，进而影响大学生心理健康教育工作的质量。随着手机和网络的普及，互联网日益深入大学生的生活，传统的心理健康教育课程教材已不能适应当今大学生的心理健康教育需求。互联网在高校心理健康教育课程的教材编制及课堂教学中应用既有挑战又有机遇。网络内容多元、信息更新迅速、传播形式多样，对教材价值引导、教材时效性和吸引度提出了新挑战。基于此，积极编制互联网环境下的教材，从教学目标、价值导向、教材内容、原则和形式上创新，更新教育理念，指引价值导向，突出高校特色，衔接技能体验，实现混合立体兼修的新形态立体化教材。

　　随着信息技术的发展，生活工作节奏不断加快，人们心理压力也不断增加，心理健康问题也越来越突出。2019年2月发布的中国首部心理健康蓝皮书《中国国民心理健康发展报告（2017—2018）》显示，我国不同人群的心理健康问题均呈增长趋势。作为国家发展的重要力量，大学生心理健康问题也一直是较热的话题之一。心理健康教育课程教学作为覆盖面最广的心理教育活动，在大学生心理素质培养工作中发挥关键作用。教材作为课程的基础核心载体，教材质量直接关系到心理健康教育课程的质量与实效，进而影响大学生心理健康教育工作质量。在2018年的全国教育工作会议上，教育部部长陈宝生详尽列举了十八大以来中国教育事业发展的成就，并指出了"教材建设"这一关键词，明确"课程教材是国家事权"。因此，如何提高心理健康教育课程教材的质量，是当代高校心理健康教育的现实需求，也是教育工作者面临的重要课题。

　　随着手机和网络的普及，互联网日益深入大学生的生活，给大学生心理健康教育教学带来了影响。传统课堂的课程教学以及相应的教材已不能适应当今大学生的心理健康教育需求。《高等学校学生心理健康教育指导纲要》（教党〔2018〕41号）明确要求科学规范教学内容，开发建设《大学生心理健康》等在线课程，创新心理健康教育教学手段，有效改进教学方法，通过线下线上、案例教学、体验活动、行为训练、心理情景剧等多种形式，激发大学生学习兴趣。教材作为教学的基础和核心，不仅是教学理念、教学内容、教学方法和手段的重要载体，也是各院校推进教学改革的重点。本节将分析互联网在心理健康教育及教材编制中的挑战及机遇，并探索编写新时代心理健康教育课程新形态立体化教材。

一、挑战与机遇分析

互联网为课程教学和教材学习提供了便利,同时也给教材的编写和使用带来消极影响。互联网在高校心理健康教材建设中的有效应用需理清现状,明晰挑战,抓住机遇,进而创新心理健康教育内容和形式,有效改进教学方法和教学效果。

(一)网络内容丰富多元,需要权威渠道的价值引导

21世纪初的统计数据显示,每天有十亿信息单元的信息量产生,且每年以18%~20%递增率发展。这些信息可以增长大学生的心理知识,开阔视野,弥补教材字数的局限,然而网络信息传播迅速,内容良莠不齐。大学生正处于世界观、人生观、价值观形成的重要阶段,信仰标准和价值取向尚未定型,心理知识薄弱。然而由于互联网的开放性、网络信息的及时性和无选择性,大量鱼龙混杂的有害信息进入大学生的视野,冲击其价值观,影响其心理健康。由于心理知识的有趣及神秘,心理类书籍以及心理类文章吸引了越来越多的学生。作为大学生接收心理健康知识最重要的渠道之一,在多元文化的网络时代,心理健康教育课程教材承担正确价值导向的重要责任。

(二)网络信息更新迅速,急需提升教材的时效性

随着互联网的发展,线上心理知识和信息更新迅速,这促进了电子媒介的发展,但现阶段纸质媒体仍占主流。调查结果显示,除了长期纸质教材的使用习惯,能够成为推广电子教材阻力的因素还有很多;其中84.62%的受访者对电子教材是否会对学习效率有所影响产生顾虑,认为电子教材会分散注意力,影响学习效率。当今时代网络技术高度发展,信息传播瞬息万变,然而传统的心理健康教育课程纸质版教材信息内容相对滞后,已无法满足当代大学生的学习需求和教学改革。如何让纸质版教材内容与时俱进,提高心理教材的实效性,这是急需解决的问题。

(三)网络传播形式多样,要求提高教材的吸引度

当今时代网络技术高度发展,互联网不仅为我们提供了海量的信息源,还通过文本、声音、动画、视频等吸引着大学生的眼球,致使一些学生上网成瘾。教材是学生获得知识的主要来源,它集中体现了教育思想和教育观念。但大学生对教材的利用率并不高,甚至有些学生不带课本进入课堂。那么如何做才能使教材内容、呈现形式、特色等吸引度得以提升,进而使学生更多地从教材中获取知识,系统地学习科学的心理健康知识和技能,这是心理健康教育中的重点。

二、立体化教材新探索

基于此,我们从知识—技能—认知新视角出发,依托现代教育技术,积极探索编制互联网环境下以能力培养为目标,以纸质教材为基础,从教学目标、价值导向、教材内容、原则和形式上探新,更新教育理念、指引价值导向、树立高校特色、衔接技能体验、实现混合立体兼修,以多媒介、多形态、多用途及多层次的教学资源和多种教学服务为内容的结构性配套教学的立体化教材。

(一)提升心理素质,更新教育理念

就服务对象而言,课本不仅是作为教材为教师提供教学参考,也应是学材,为学生提供学习指导。教是为了学生更好地学。《关于加强心理健康服务的指导意见》(国卫疾控发〔2016〕77号)倡导"每个人是自己心理健康第一责任人"的理念。作为教学的重要导向和载体,心理健康教材的编制应从学生出发,以提升其心理素质为目标,从知识—技能—认知层次目标出发,更新心理健康教育理念,综合现代互联网技术及纸质版教材的优势,增加学生经历内容及素质技能训练,探索适合现代大学生的教材内容和形式,将育人理念转化为学生的思想和行为。

(二)唯物心理合体,指引价值导向

一个人心理素质的形成和发展往往需要反复强化,从实践到认识才能形成自己的思想,然后再从认识到实践付诸行动,运用的正是辩证唯物主义方法。在复杂的互联网环境下,大学生的思想和价值观的形成及选择更需要唯物辩证法的辨别和吸收。而心理知识心理困惑就必须要心理理论和技能借助个体的心理活动的调节来完成。因此,以唯物辩证法为基线,将科学的实验研究和调查结果作为支撑内容,结合心理理论知识与技能训练内容,从而锻炼大学生的辩证思维,丰富大学生的心理素质内容,进而实现大学生身心全面发展。

(三)规划教材内容,树立高校特色

在互联网技术快速发展背景下,人人都可以是自媒体,人人都可以是网络信息发布者。而这些五花八门的信息对学生的认知力、人际关系、心理发展等各方面都会带来影响。心理课程教学始终要围绕学生心理发展特点来开展,教学内容更需满足学生的共同需求。传统的教材教学主题设置较为简单,内容过于理论化,案例取材也较为单一。因此,教材内容的科学性除了心理健康概述、人际交往、情绪管理、学习心理等主题,还需考虑教学内容是否与时俱进,是否符合高校特色,是否满足学生所需。新时代教材要

借助网络，不定期收集学生需求，结合动态技术，增加流行现象及学生案例评析，让新形态教材的内容得以与时俱进，且具高校人才培养特色。丰富教学内容、增强趣味性，提高学生自主阅读教材的积极性，实现教、学、练、做一体化，升级为更加包容开放的学习内容系统，匹配现代学生成长需求。

（四）明确教学原则，衔接技能体验

坚持理论教学与技能教学相结合、知识学习与体验学习相结合、线上线下与课堂课外相结合的原则，在引入经久不衰的主题和理论的基础上，每章节都相应加入体验式活动，如变化在哪里、我是谁、你演我猜、人际关系黄金法则等，调动音乐、绘画、舞动、团体心理游戏等多种形式，建设丰富多彩的体验式教学模式。在体验式教学中，学生与教师共同参与，构建教师与学生的学习共同体，在自由与开放的氛围中探讨交流，共同探求心理健康知识，现场进行技能训练，直接参与到课堂教学中，他们的直接经验将成为教学的重要内容；学生或独自体验技能训练，激发学生的学习兴趣，逐渐养成自主学习心理知识的习惯，进而学习心理技能，掌握调整心理状态的方法，加深学生对心理知识的学习及最新理论的运用。

（五）丰富教材形式，混合立体兼修

针对传统纸质教材内容封闭、修订周期长、展现的内容形式单一等问题，引入二维码技术，将纸质版的教材与丰富多彩的数字化多媒体资源结为一体。知识的传递不再只是单一的文字、图表，而是视、听、看、动、形等多种多样的方式。同时多媒体资源是动态的，可以实时更新，不仅保证了教材内容的实效性，也实现了增加知识传播形式的立体感，为学生带来了耳目一新的学习体验，进一步激发了学生的学习兴趣和学习动机。运用现代教育技术，在大学生心理健康教育课程纸质版教材基础上，随时通过二维码更新相应案例、配套课件、授课电子教案、微视频及慕课等。通过扫描二维码，学生一键就能实现无缝切换，将纸质教材实时切换到丰富多彩的数字资源，随时随地可以通过视频、音频、动画等方式，让学生不知不觉地沉浸在知识的海洋中，实现随时随地有效学习。除此之外，二维码教材在使用过程中，学生可以按需扫码，实现个性化学习。

第五节 互联网高校"边缘生"心理健康教育模式

大学生的"边缘群体"与"主流群体"区别开来，在高校中处于劣势，学校、家庭以及社会应该给予他们更多关注与重视。近年来，互联网的发展给高校"边缘生"心理

健康教育工作带来机遇和挑战。互联网网络信息的复杂性和渗透性，决定了高校"边缘生"心理健康工作要利用好互联网优势，不断创新心理健康教育的思路和方式，从而促进我国高校"边缘生"心理健康教育健康发展。

随着社会经济快速发展，高校不断扩招，生源情况变得愈加复杂。在心理预期落差、学习成绩落差、家庭贫困和多元化价值观念冲击等因素的综合作用下，一些大学生逐渐被"边缘化"或主动"边缘化"。"边缘化"使大学生无法在课堂、学校乃至社会中感受到归属感或认同感，成就动机几乎为零。"边缘生"可能会对社交较为抵触，更倾向于一人独处，沉溺于游戏与网络世界，在虚拟世界里获得成就感与认同感，逐渐与真实世界脱节，甚至荒废学业与人生。

在互联网的大背景下，传统心理健康教育工作受到了冲击，高校"边缘生"心理健康教育工作迎来了机遇与挑战。互联网为"边缘生"心理健康教育带来了新机遇，丰富了"边缘生"心理健康教育的形式与内容，有利于"边缘生"心理健康教育创新，促进"边缘生"的身心全面发展；同时互联网网络信息的复杂性和渗透性，决定了高校"边缘生"心理健康工作要走创新发展道路，结合时代特点，利用时代优势，提升"边缘生"去边缘化的实效性。

一、"边缘群体"的概念界定

结合国内外文献观点，本节对大学生的"边缘群体"给出以下定义：在班级人际结构中处于较低层次，被集体拒斥或忽视，不容易被接纳的学生群体。与大多数学生相比，"边缘生"由于自身、家庭、学校、社会环境等多种原因，已经与"主流群体"分离开来，并且在获取信息、资源以及自身能力提升等方面处于劣势。

本节对"边缘生"的特点进行初步归纳：一是性格孤僻，自我封闭。有些是受家庭因素影响，成长经历使得他们性格过于内敛，拒绝向他人敞开心扉，慢慢变得过于孤僻；有些是因为学习困难，变得自卑敏感，减少与他人来往，将自己封闭起来；有些是因为在现实生活中成就感与获得感较低，对现实生活产生抵触情绪。二是意志薄弱或抗压能力较弱，处事容易极端偏执或极端。改革开放至今，社会经济快速发展，"90后"大学生处在一个更好的社会大环境以及家庭环境下，他们人生道路上少有挫折。许多大学生缺乏坚韧不拔的意志与抗压能力，遇到挫折与磨难，心理容易处于亚健康状态，靠自身难以调节过来，没有正确的引导，很容易产生极端思想，选择极端行为来伤害自己或他人。三是行为上排斥他人。这一代大学生大多是独生子女，许多人从小在溺爱中长大，他们以自我为中心，很少考虑他人的感受。这种类型的大学生在学习和生活中与他人无法做到妥善交流，容易被孤立。

尽管上文对"边缘生"的基本特点进行了归纳，但在实际操作中，难以很明确地将"边缘生"区分出来。另外，每个人的价值追求与性格特征会导致其有着不同于他人的成长轨迹，随意给学生贴上"边缘生"的标签，容易适得其反，轻则影响学生的多样性发展，重则伤害学生的自尊心。在对高校"边缘生"的成因、现状以及存在问题进行深入研究的基础上，保持时代性和预见性，规避心理健康教育工作中遇到的困难，尽可能走出"边缘生"心理健康教育的困境。

二、"互联网+"给高校"边缘生"心理健康教育工作带来的机遇

提供了丰富的技术资源以及广阔的媒体平台。互联网的快速发展，为高校心理健康教育工作带来了更为丰富的技术资源，更为夯实的技术支持，同时也提供了一个更为广阔的媒体平台，以供高校心理健康教育工作进行形式创新，拉近与学生的距离，实现心贴心零距离交流。目前，许多高校不仅加强与完善校园网站建设，同时也从学校、学院、班级三个层面加强微博和微信群的建设。除此之外，高校也认识到互联网与教育融合是个必然趋势，利用互联网传播的时效性、互动性、多样性等特点，为大学的心理健康教育打造一个在线教育平台，有效地为"边缘生"的心理健康资源提供丰富的内容和优质教育。"边缘生"不仅可以有选择地接收信息，还可以积极参与媒体信息的传播。同时，利用互联网信息传播的时效性和互动性，通过建立网络信息反馈平台，及时了解当前"边缘生"关注的热点问题，关注其心理和性格发展，积极主动引导和干预舆论。

促进"边缘生"心理健康教育形式与内容创新。以往，高校主要通过学校设立的大学生心理健康课程以及专职辅导员的日常管理，进行"边缘生"的心理健康教育，但存在着两个问题：一是传统心理健康教育课程内容更新较慢，形式变化较少，学生们认为课程中没有新鲜的知识，学习兴趣较低；二是专职辅导员所带学生一般在200人甚至300人以上，难以关注到每个学生，而且因精力有限，大多数辅导员对学生的关注点主要放在学生成绩与纪律上，容易忽略学生心理状况，特别是"边缘生"的精神状况和心理动态。而互联网的到来以及互联网技术的快速发展促进了传统的"边缘生"心理健康教育课程的创新。高校可以充分利用互联网资源，开展线上心理健康教育课程。互联网技术的快速发展还便捷了专职辅导员工作，现在不少高校引进了心理健康测评系统，可以将学生心理状况数据化直观化，引导并帮助辅导员将工作重心向学生心理健康教育工作以及"边缘生"身上进行部分转移。

三、高校"边缘生"心理健康教育面临的困境

缺乏系统化的理论支持。心理健康教育作为人类认识、改造自身和社会的一项社会实践活动，它在满足人类相关需要、实现人类相关目的方面起到了积极作用。但随着我国国民经济和社会的发展，传统的课堂心理健康教育形式必然要发生变革，心理健康教育需要当代的理论支持。通过一系列会议的召开和文件的下发等举措，可以看出国家非常重视高校心理健康教育，但是相关的配套理论急需得到进一步的深化和发展，以满足我国当前互联网大背景下的高校"边缘生"心理健康教育发展需求。

互联网对于"边缘生"的影响远大于理论研究人员的预期。以往，"边缘生"主要通过课堂接受心理健康教育，高校可以通过对课堂内容以及过程控制来把控"边缘生"心理健康教育的大方向。然而伴随"互联网+"的迅速发展，互联网的"虚拟环境"对"边缘生"心理健康教育产生巨大的冲击。"虚拟环境"中获得的信息良莠不齐，这些信息对"边缘生"的人生观、世界观和价值观带来巨大的冲击，特别是大学生"边缘群体"缺少关注与关怀，且缺乏一定的判断能力，很容易被网络上的多元化思想所影响。因此，要充分运用互联网新技术激发"边缘生"心理健康教育工作的潜力，推动我国"边缘生"心理健康教育工作传统优势同信息技术的深度融合，增强时代感和吸引力。

四、"边缘生"心理健康教育的网络渠道

在互联网的大背景下，高校心理健康教育的发展势必要顺应时代的趋势，把传统心理健康教育与互联网相结合，积极转变心理健康教育模式，通过互联网平台，将高校"边缘生"、学生家长以及高校三者之间连接起来并做到充分互动，全面提升高校"边缘生"心理健康教育的实效性。

心理健康互联网平台。移动互联网，高校可以利用校园生活信息系统、网站栏目、公众号等在线媒体平台去关注和收集大学生的生活圈，了解他们感兴趣的话题，内容上选取学生身边的事、学生关心的事；形式上发布学生感兴趣的、贴近学生实际、学生喜闻乐见的新闻和消息等，采取措施吸引"边缘生"浏览，鼓励他们参与，并与"边缘生"互动，通过沟通交流引导他们树立正确的世界观、人生观和价值观。

个性化网络心理测评系统。高校应该建立科学的大学生心理测评系统，从新生入学开始，给每名新生都建立一个单独的心理测评账户，全面收集学生的基本信息以及成长经历，了解学生心理状态与性格特征形成的背后原因。让学生定期在系统中做心理测验，比如SCL—90症状自评量表，关注学生的心理动态与情绪变化，并将"边缘生"的心

理测验结果及时反馈给高校心理咨询工作人员和学生本人,学生可以根据自身情况自主选择系统中的心理咨询专职教师进行咨询,学校也可以根据学生心理状态,选择直接干预。

朋辈式心理健康微平台。朋辈交流对"边缘生"的影响是不容忽视的,高校应该鼓励学生主流群体通过QQ群、微信群、网络论坛、网络社区主动甄别"边缘生"的情绪状态,积极与其互动,认真聆听他们的倾诉,同时换位思考,设身处地地为"边缘生"着想,帮助他们走出边缘处境,同时将此形成机制,进行有效的监管和督促。另外,在校园里,有着很多的"微领袖",他们可能是班委、寝室长,也可能是院校社团成员,他们具有一定的号召力和影响力,是朋辈心理健康微平台的中坚力量,充分调动他们的积极性,发挥朋辈影响与朋辈认同的作用,进行朋辈式心理健康教育。

线上心理健康教育平台。通过线上心理健康教育课堂,结合自媒体网络终端,丰富心理健康教育内容,辅助线下教学,通过线上"学生自评和互评"增强课堂教学互动。此外,每个人都有单独的账号,对情绪指数、压力指数、学业指数和成长指数等增长数据进行个人化、全面化的收集和分析,监测其心理变化的全过程。利用大数据及时定位"边缘生",有针对性地与他们互动,以其个人的体验提供个性化心理健康服务,更有助于开展精准化、针对性、个性化的"边缘生"心理健康教育。

"学校—家庭"心理健康网络平台。家长对子女的性格特征、成长经历、情感波动等是最为了解的。家庭教育的作用与地位是不容忽视的,高校应该将学校教育与家庭教育充分融合互动,共同发现"边缘生"的问题成因,从根本上解决问题,帮助"边缘生"去边缘化。另外,家庭对学生成长以及三观形成的影响是最为深远的,高校可以建立家长QQ群、微信群、家庭—学校公众平台等,可以给家长普及大学生心理健康教育的相关知识,引导家长重视大学生心理健康,关注子女的情感波动以及心理状况。

总之,高校管理部门、高等学校、高校心理健康教育教师等都必须紧跟互联网发展的脉搏,积极向国内外的先进心理健康教育方式学习,不断创新心理健康教育的思路和方式,充分研究当前高校所面对的复杂环境,有针对性地提出解决策略和办法,才能从根本上把握"边缘生"心理健康工作的主动权,更好地为高校"边缘生"心理健康教育出谋划策,促进我国高校心理健康教育事业的健康发展。

第六节 互联网贫困大学生心理问题分析与教育

当今大学生是互联网原住民,而身居在互联网的贫困大学生受到社会文化之中不良因素以及消极事件影响造成惨痛后果的案例时有发生。互联网贫困大学生的心理健康问题疏导与干预工作，已成为大学生心理健康教育工作者与大学生思想政治教育工作者的主要工作内容之一，为了增强互联网贫困大学生心理健康教育的育人效果，高校相关方面应采取相关应对措施，重视相关教育资源整合，提升贫困大学生心理健康素质水平，完善个人性格与操守，更好完成大学学业，度过大学生活。

大学学习是人生之中较为重要的阶段，大学时期也是大学生习得心理知识与专业技能的重要时期。而身居互联网的贫困大学生却因身处寒门，缺乏对生活贫困的正确理解，容易产生自卑情绪、焦虑情绪和抑郁情绪，在特定情境之下，个别贫困大学生由于负面情绪无法正常排解与发泄，容易引发自杀自残的悲惨后果。

贫困大学生与普通家境大学生性格与情绪具有趋同方面，他们普遍表现为：

面对纷繁复杂的网络信息，具有较为明确的辨析能力，面对人际关系问题能够较为妥善的解决。但是贫困大学生与普通家境大学生在性格与情绪方面也存在着差异：

面对学业压力与生活压力表现为挫败感较强，焦虑感突出，个别贫困大学生罹患心理方面疾病的可能性较大。

互联网贫困大学生心理健康教育工作已成为高校大学生心理健康教育工作者与大学生思想政治教育工作者处置日常工作之中的重点与难点，本节就互联网贫困大学生心理健康问题进行分析，提供若干教育对策，希望能够对于高校大学生心理健康教育工作者与大学生思想政治教育工作者的相关工作，提供参考与借鉴。

一、互联网贫困大学生心理问题表现

（一）因贫困而形成较强的自卑感

自卑感表现较强可能是身处互联网贫困大学生最为突出的心理情绪表征。贫困大学生身处贫困境遇之下求学与升学；他们家庭状况基本处于贫困线之下，他们生活方式、行为习惯、家庭氛围与其他普通家境大学生相关状况存在较为明显差别；致使贫困大学生心理存在较强的自卑感。部分贫困大学生常常在个人博客、微信朋友圈、QQ空间发表较为消极负面的言辞，从中可以得知他们内心世界是较为自卑、孤僻与敏感的。

在这种心理状态下，会出现三种不同的心理与行为表征：

第一：贫困大学生通过刻苦学习，以良好的成绩补偿因家庭贫困造成的心理自卑感，而这种刻苦学习过程之中，由于需要求助他人，解答相关课业问题，因他人偶然之间几句无心之言可能涉及贫困大学生个人家境或者个人处境，造成个别贫困大学生心理自卑的情绪增多，可能致使个人性格孤僻多疑以及个人远离群体状况发生。

第二：在互联网，网购是大学生购物的主要途径之一，而身居寝室的贫困大学生势必与他人若有似无的进行物质攀比，由于身处贫困家境之中，致使贫困大学生可能形成较强的无助感与自卑感。

第三：极个别贫困大学生在入学之前就由于个别事件造成心理自卑感较强，加之身处互联网，各种不良信息充斥在手机终端与电脑终端，贫困大学生受此影响而加重自身自卑感，可能产生仇视、悲观和厌世的情绪，在心理极其脆弱的情况下，极有可能利用极端方式对待自己和他人。

（二）因贫困而产生较强的挫败感

身处互联网，每个人在互联网之中都有话语权，而贫困大学生由于出身贫困家庭，自卑情绪较强，又渴望在互联网之中赢得自主话语权，他们在进行网络人际交往过程之中，会较为敏感过滤他人对自身发表相关内容的评判信息。他们希望自己的话语权能够出现在各种贴吧、QQ群、博客评论区、微信公众账号留言区，但他们却因担心家庭贫困，网友过渡解读自己的言行，暴露自身出身寒门这一现实情况，进而造成自尊心受损。因此，现实生活之中受困于负面情绪与自卑情绪，可能因为琐事致使室友关系紧张，学习方法不适致使学习成绩下降，学业出现警告、降级处理甚至勒令退学若干状况发生。长期挫败情绪累积，个人心理健康状态堪忧，自身陷入敏感多疑情绪之中难以自拔，容易出现行为失控，造成无法挽回的局面。

（三）因贫困而诱发焦虑感

互联网的贫困大学生基本都有移动网络终端设备，他们可能在网络之中了解诸多寒门学子通过自身努力学习改变命运的事迹，并以此鼓励自己克服现实生活和学习之中的重重困难，积极向寒门学子榜样学习。

但是，贫困大学生往往承载着全家人改变命运与生活状况的希望，贫困大学生会给自己设定较高的学习目标与课业任务，他们由于个别科目没有取得理想成绩而造成个人负面情绪加重，焦虑感表现明显。究其原因：一是较为拮据，生活费用难以满足个人生活支出；二是疲于维持个人生计而到处奔波寻找打工机会。

从而可知，贫困大学生不但要与普通家境大学生学业角力，还要维持正常生活用度。

长此以往，他们可能处于焦虑情绪之中，难以采取合适方式疏解，进而个人学习效率降低、个人挂科数目增多、学业指标难以完成若干情况常常出现。时常网络冲浪过程之中，贫困大学生在不良信息诱导之下，个人出现偏激行为的可能性就会大大增加。

二、互联网贫困大学生心理障碍成因

（一）对于贫困认知教育缺失

在互联网普通大学生基本都来自一二线大型城市，他们接受新鲜事物的能力较快，对于陌生环境的适应能力较强，究其原因就是个人各项能力形成与学校教授学生相关人文、素质、品行教育息息相关。而互联网的发展却是从一二线城市向三四线城市推进，一二线城市的小学至高中的学校由于具有较好的网络教育资源，可以更好教授学生相关知识，使学生习得个人素质养成教育的相关课程。然而，贫困大学生基本来自偏远县城或者贫困乡镇，由于当地对于贫困认知教育缺失，学校相关网络教育资源落后，对于贫困大学生德育教育与个人素养教育可能受到制约；加之较为偏远的县城与乡镇比较重视应试教育，忽视贫困大学生全面素质提升的重要性，致使贫困大学生的人文素养教育与思想政治教育出现"偏科"，极有可能造成贫困大学生"心理贫困"现象的出现。

（二）网络时代消费理念及方式的不良影响

社会主义市场经济蓬勃发展，助推高校能够实现教育资源整合与重置。但是，高校已然不是社会人们眼中的象牙塔。网上购物、网上直播、网上订餐等若干互联网消费形式，不断冲击着大学生的视野，大学生乐于接受方便快捷的网络服务，日常网络消费能够接受。贫困大学生面对寝室他人的各种网络消费，却显得囊中羞涩，逐渐形成自卑、敏感、焦虑的心理状况。同时，攀比心理也给他们带来沉重的生活负担，增添更多心理压力，加之自身设定学业指标不断提高，诸多原因极有可能引发心理扭曲与心理病态。

（三）网络文化的不良因素刺激

随着改革开放不断深入，网络文化之中充斥着诸多不良因素，致使贫困大学生形成不健康、不积极、不正面的世界观、人生观和价值观，加之现实社会文化之中的拜金主义若有抬头之势，助推贫困大学生对于个人金钱观、是非观、道德观的认知出现偏差。贫困大学生身处互联网，网络文化的不良因素被别有用心的人进行包装、夸大和宣传，使贫困大学生更加注重物质利益，渴望拥有社会地位与物质财富。长此以往，贫困大学生极有可能心理失衡，心理负面情绪难以发泄，一旦被他人因其个人贫困状况所戏弄、讥笑和嘲讽，就会产生强烈的焦虑感与自卑感，更为甚者会采用极端方式报复和伤害他人，类似案例时常见诸纸质报端和电视媒体。

（四）原生家庭及自身因素的影响

贫困大学生原生家庭父母学历普遍较低，家庭人口较多，对于贫困学生教育与管理相对不足，彼此之间缺少有效沟通，影响贫困大学生形成良好世界观、高尚人生观以及正确价值观；贫困大学生原生家庭重视劳动生产，外出务工、种地种粮、喂养牲畜，解决现实生存问题，忽视贫困大学生日常不良情绪疏导与强化自身抗挫能力。加之，贫困大学生自身性格较为内向，羞于表达内心压抑、情绪焦虑、性格自卑，对待每月钱物支出比较在意，过多或者过高消费支出就会致使心理压力过大或者心理负担过重，又要急于摆脱贫困枷锁，容易遭遇不怀好意之人引诱，本身对于相关法律了解不够，误入传销组织或者其他不法组织，极易触犯国家法律法规，受到法律严惩。

三、互联网贫困大学生的心理健康教育对策

（一）促进贫困大学生正确认识贫困并培养健康人格

互联网，作为大学生思政教育工作者与大学生心理健康教育工作者应该善于利用网络作为媒介更好地培育贫困大学生健康人格与积极情绪。人格是人类各类心理特征的集合，健康的人格是良好心理状态的重要源泉之一。人类的人格是具有可塑性与养成性的，健康人格是可以通过教育手段进行相关引导和培育的，一旦养成良好的人格就具有稳定性、持久性和常态性，会使人类由于具有良好的人格进而形成较好的行为操守，并在社会的人际交往中受益较长时间。作为高等院校大学生思想政治教育工作者和大学生心理健康教育工作者应该与时俱进，利用网络媒介，通过微信公众平台、心理驿站、QQ群、贴吧等网络途径，实时动态掌握贫困大学生的心理状况与心理状态，通过线上线下心理健康教育手段，帮助贫困大学生正视现实生活、正视自身学业情况、正视自身人格特征，参与各类相关心理教育课程与实践活动，完善个人性格，提升个人素质，强化个人抗压能力，使其人格中的善良、坚强、果敢等正面因素更加发挥作用。与此同时，作为高等院校大学生思想政治教育工作者和大学生心理健康教育工作者更要善于疏导贫困大学生消极情绪，通过网络会客室、个人网络咨询、线下互动、积极心理学网络课程以及相关个人消极情绪案例解析，引导贫困大学生个人消极情绪得以排解与消除，帮助贫困大学生能够正确疏导个人情绪，精准表达个人情绪，以积极健康的心态直面困境，鼓励贫困大学生能够真正运用积极心理学的相关知识，调整个人情绪，指导个人行为，从容面对学业与生活的挑战。

（二）建立贫困大学生身心状况电子档案

互联网背景之下，作为高等院校大学生思想政治教育工作者和大学生心理健康教育工作者，不仅要建立贫困大学生个人家庭状况以及心理状况的纸质档案，更要利用互联网作为信息媒介，建立贫困大学生身心状况电子档案，从而确保高等院校大学生思想政

治教育工作者和大学生心理健康教育工作者能够从多个维度观察、帮助和培育贫困大学生形成积极的心理状态和良好的个人行为。诸多高校为贫困大学生都已建档立卡,所谓的贫困大学生建档立卡只是根据家庭收入情况和低保等相关证明手续,建立贫困大学生帮扶支助数据库,每年定期发放国家和学校的相关奖助学金。而对于贫困大学生心理帮扶却只是在学校大学生心理健康中心建立个人咨询与个人状况纸质档案,二者之间没有直接联系,致使高校普通心理咨询老师难以根据贫困大学生心理突发状况推断是否由于家庭贫困情况、家庭收入状况、家庭人员变故等相关情况产生的应激心理反应。在互联网,作为高等院校大学生思想政治教育工作者和大学生心理健康教育工作者,处理贫困大学生心理健康问题,应该及时查看贫困大学生身心状况电子档案,进而全方位、多维度、立体化地分析贫困大学生产生心理问题的缘由,更加准确判断贫困大学生出现心理健康问题的心理特征与行为表征,为下一步对贫困大学生心理健康问题做出相关干预治疗或者转诊送医,提供更加专业的判断说明与判断依据。

在互联网,建立贫困大学生身心状况电子档案,不但能够全面了解贫困大学生身心健康状况,对于培育贫困大学生健康人格与积极情绪也具有事半功倍的作用。

(三)加强对于贫困大学生心理辅导的针对性

互联网,尽管线下贫困大学生个别心理辅导较为重要,但是线上的咨询服务也是起到不可小觑的作用。由于贫困大学生心理自卑感较强,即使遇到心理情绪波动状况,也难以真正向陌生人进行倾诉与排解负面情绪,长期的负面情绪难以排解导致心理负担过重,产生抑郁和自闭倾向,更为甚者可能造成抑郁病症或者自残自杀的严重后果。作为高等院校大学生思想政治教育工作者和大学生心理健康教育工作者,我们要善于利用网络作为了解贫困大学生心理健康状况的媒介平台,利用网络平台的私密性、便捷性和实时性,动态关注部分处于心理抑郁或者自闭倾向较强的贫困大学生,通过一对一的线上个别沟通,利用情绪疏导法、认知调整法、个性行为指导法等方式方法,实时帮助他们调整个人心理状态,将自卑心理或抑郁心理造成的心理压力有所缓解,从而更好地应对自身心理状况,处理相关情绪问题,保证个人身心健康,顺利完成学业。

互联网的贫困大学生心理健康教育问题,需要多方加以关注。高等院校大学生思想政治教育工作者和大学生心理健康教育工作者通过网络媒介平台,能够更加便捷实时了解贫困大学生心理状况,提供更加具有针对性的相应解决方式与处置对策,帮助贫困大学生身心得以放松,更好适应学业与生活状况,积极学习相关专业知识与心理健康知识,为日后走向社会打下坚实的个人素养与专业学识基础。

第四章 人文素养基础理论

第一节 大学生人文教育导论

人文教育是培养人的独立思考、自主意识、正确自我认知和发展的重要途径，本节从人文和人文教育出发，阐述了人文教育的必要性，大学在人文教育中存在的问题及提升大学生人文素养的途径。

一、人文教育的起源发展

"人文"就是人类文化的简称，是人站在自身或者其他角度，用自己或别人提出的方法对世界中已知或未知存在的客观事物或现象进行理性思考而总结出的符合世界发展规律的、又能被大众接受的属于个人主观的知识点。

人文是一个动态发展概念，随着社会和科技的进步其内涵和外延在不断丰富。人类文化的各种现象就是人文，这是《辞海》的表述。人类或民族或种群所具有的共同符号、规范和价值取向就是文化。而文化的核心是价值观，主要内容包括习惯、道德、法律规范等。无论在西方还是在东方，无论是在中国还是在外国，人文作为人类文化的一种基因，作为一种朴素的习惯和意识，人文可谓源远流长。作为社会潮流，普遍文化，成为更多人、更大人群共同具有且发展为稳定之价值观及其规范，出现在我国春秋时代。傅斯年先生曾经指出：春秋时，人道主义固以发达，"人文"一词最早出现在《周易》"贲"（六十四卦之一）卦，"文明以止，人文也。"指修饰，修饰出美，故曰"美在其中"。

人文12世纪时通过阿拉伯人传到西西里的罗杰二世与英格兰的亨利二世时期，15、16世纪文艺复兴时期得以昌明，法国启蒙运动时期、美国独立宣言和法国人权宣言时期得以形成，一百多年前，马克思、尼采、罗素时期得以反思，在开始于20世纪中后期的现代时期得以飞跃发展。联合国在人文发展期发表的两个人权宣言是人文法制化、国际化的标志，马斯洛提出的需求层次理论和个人自我价值实现的论点，成为现代人文思想杰出的代表，推动其达到巅峰之境。

伴随着历史进程，人类社会已经发生了深刻变化。人文革命—文艺复兴运动，科技革命—近代科学相继诞生，并由此出现两大观念：一是人文观念：尊重人；二是科学观念：尊重规律。随后而来的是始于蒸汽机时代、到电气时代直至电子时代共三个阶段的工业革命，人类社会更是因此而巨变。

令人不可思议的是，中华民族在这翻天覆地的变革中始终沉睡而不醒。更可怕的是，当一觉醒来时，又将世界发生的一系列伟大变革以及由此出现的许多人类文明共同成果，特别是将人文思想和人文精神的杰出成果，僵化教条地定性为资产阶级的或资本主义的东西而加以全面否定、极力拒绝和彻底抵制，不仅人为地增加了实现社会转变的阻力，同时又在民族历史进程中留下诸多空白和断层。更悲惨之处在于：误解空白和断层又得以长时间充斥于各层次教育中，令教育者和被教育者都处于尴尬万分之地步，进而严重堵塞了理解现代社会文明进程之途径。令人欣慰的是现在虽然开始醒来但却还没有完全彻底清醒。

人类社会在20世纪又发生了以信息化、知识化、民主化、全球化为标志的一场新革命。社会本身和人的社会地位都发生了根本性改变。从过去人被视为"工具人和经济人"，而发展到当今社会的"社会人和文化人"。个人价值不仅得到充分承认，而且人和人相互沟通与相互认同能够顺利实现。

人文是一种思想和观念，但同时人文也是一种制度和法律。人文思想是建立人文制度的理论基础，人文制度又是人文思想得以实现的制度化和法律化之保证。人文真正确立的标志是人权观念的诞生、人权法制化、人权法律化、人权国际化。对人权观念的认识和人权的发展是实现人文思想的根本保证。由人民出版社出版的《童子问易》强调："《易经》讲，物杂成'文'，乾道变'化'。阴阳矛盾相博弈的表现无非就是'文'与'化'，世界各国的最终较量也在于文化。我们要重新赢得世界尊重，还须依靠悠久灿烂的文化传统。

人文教育是指教育者对受教育者所进行的一系列实践活动和意识活动，进行一种"目的在于促进人性境界提升、理想人格塑造以及个人与社会价值实现的教育"，人性教育是人文教育的根本，人文精神的涵养是人文教育的核心。"人文教育迄今为止并没有一种确定且公认的含义，而通常认为表达着以下几种含义：一是人文主义教育，二是人文学科教育，三是关于"成人"教育。人文教育的基本内涵被多数研究者定位于关于"成人"的教育，即第三种。稍加注意就会发现：人文文化和科学文化具有统一性。树立和培养人是教育的根本出发点，并应在价值观念方面确立人本位与社会本位的辩证统一观，注重基础性教育和专业性教育的融合一体性，而非排斥分离性，在此基础上如果吸收前两种人文教育所表达的基本精神，那么人文教育被界定为成人教育之观点就彰显其高度了。人性教育是人文教育的核心，人文教育核心是涵养人文精神。需要通过文化知识滋养，文化氛围陶冶，文化传统熏陶和人生实践体悟等多种途径来逐步实现，不但需要重视由外至内的文化养成，而且需要心灵觉醒和强调自我体悟，要求理解和重视人生意义，并以"老吾老幼吾幼"的精神关爱社会关爱他人。

人文教育的本质乃是弘扬人性，以人文精神为价值取向的教育。加强大学生人文教育，提高大学生的人文素质，已经成为我国高等教育面临的迫切任务。为此，我们必须下大力健全高校的人文教育课程体系，强化教师的人文素养提升，全方位的重视校园文化建设。

二、人文教育内涵及大学生接受人文教育的主要途径

（一）人文教育内涵

"人文教育"是当今教育理论界应用比较普遍的一个专业术语，尤其是20世纪90年代以来，"人文教育"一词的使用变得相当广泛。然而，对于人文教育的内涵，国内外学术界并没有一个严格统一的界定。笔者通过对人文教育历史发展和演进的概括研究，认为人文教育的本质乃是弘扬人性，以人文精神为价值取向的教育。它以对学生主体性的尊重为前提，以个人潜能的最大发展为目标，以发展学生正确处理本我和自我关系、人己关系、物我关系的能力为目的，指导学生的行为朝着合人道、合规律、合人类共同利益的方向发展。

（二）大学生接受人文教育的主要途径

1. 人文课程

人文课程主要包括政治类公共必修课程和人文类选修课程。政治类公共必修课作为人文教育、通识教育的主阵地，无论是培养"通才"或是"专才"，其所能发挥的巨大作用都是毋庸置疑的。选修课作为人文教育一个重要的补充方面，以提供丰富多样的课程来增强学生选择的灵活性与自主性，充分激发学生的学习潜能，以促进学生的既全面又个性地成长。

2. 教师的人文关怀及知识传授

在人文理念真正走入学生心灵，影响学生为人、为事的教育过程中，教师发挥着巨大的作用，其言谈举止、学术素养等都会潜移默化地影响学生积极价值观的形成。影响教师对学生进行人文教育的主要因素有：教师本人的人文素养、专业课上人文知识传授和师生互动交流中的人文教育。

3. 校园文化环境

校园文化环境潜移默化地影响着大学生人文知识的积累、人文素养的形成及人文精神的熏陶，健康高雅的文化环境对于大学生的成才成长起着不可低估的催化作用。高校校园文化的主要载体有：图书馆、人文知识讲座、学生活动、社会实践和宣传教育媒体等。

三、大学生人文教育现状及需求调查

（一）大学生人文教育现状

长期以来，我国的高等教育过分强调科学教育的重要性，甚至以科学教育代替人文教育，导致我国的人文学科教育远远落后于西方国家，引发了诸多社会问题，也不能适应我国改革开放和经济社会发展对高素质人才的需求。因此，加强大学生人文教育，提高大学生的人文素质，已经成为我国高等教育面临的迫切任务。

自1995年以来，高校开始逐渐重视并实施人文教育，高等教育中专业教育过窄、人文教育过弱的现象得到了一定改善。但是，高等教育中"重理工、轻人文"的倾向仍然存在；大学校园中商业气息屏蔽人文氛围的现象比比皆是；大学生信仰危机和价值观的迷失也非常普遍。目前各高校虽然对于人文教育的重要性有一定认识，但在落实中却存在诸多的问题：高校领导、教师和学生对人文教育的理解不到位，课程体系不够规范、学生及教师素养还需提高等。在人文教育推进过程中，教育管理者应该考虑学生到底需求什么样的教育模式。本节通过对综合性大学本科生的抽样调查，从大学生需求的角度探索加强大学人文教育的改革对策。

（二）对大学生人文教育需求的调查研究

本研究以综合性大学——兰州大学的在校本科生为调查对象，选取19个专业的学生300名，采用问卷调查法和访谈法进行抽样研究。旨在从大学生对人文教育的不同需求中，描述这一群体需求现状的主要特征。进而针对其需求与受教育现状间的矛盾，对大学人文教育提出建设性的建议和对策。

（三）对人文类课程的需求

1. 政治类公共必修课程

多数学生认为该类必修课知识体系较完善，能够发挥人文教育主渠道的作用。但课堂教学质量有待提高、课程体系结构有待进一步完善。被调查学生普遍对艺术、文学、历史学类的课程兴趣较高，认为有必要增设《大学语文》作为公共必修课。

2. 人文类选修课

多数学生认为现有人文类选修课在教学质量、课程种类等方面不能较好满足他们的需求，希望能够增加文史哲类的选修课程，其中女生对艺术类课程的兴趣高于男生，对于理工类课程的兴趣要低于男生。

（四）对教师的人文关怀及知识传授的需求

对教师人文素质状况的调查表明，大多数学生对于教师的人文素质持积极的肯定态度，认为政治类公共课老师和专业课老师都具有一定的人文素养。多数学生希望专业课老师能在课程上渗透社会热点话题、交往艺术、文化历史、哲学思辨方面的信息。

（五）对校园文化环境建设的需求

调查显示，图书馆能满足各年级、专业学生的基本需求；对于高质量人文讲座的需求较突出，其中人文社科类学生的需求更加显著；对于校园文化活动，多数学生认为大部分都流于形式，没有文化内涵；对于社会实践类活动，多数学生表示很感兴趣，但是缺乏经验和参与渠道。其中女生认为很感兴趣但缺乏实践渠道的比例要高于男生，男生对于此类活动持消极态度的比例要高于女生。人文社科类学生的实践行为及态度要好于自然科学类学生。

四、加强大学生人文教育的建议及对策

通过对大学生人文教育现状及需求调查研究，笔者认为加强当代大学生的人文教育应该从以下几方面着手：

（一）健全高校人文教育课程体系

在大学教育中，人文教育与人文课程是密不可分的，人文教育的价值属性需要依赖于课程来实现。人文教育的关键在于它能够提供多少可以转化为学生心灵的东西。在今日的大学教育中，课程比专业更基本、更关键、更重要。课程是大学教育质量和特色的基石，人文课程的设立和完善对加强大学生人文教育显得尤为重要。

笔者认为人文课程的设置应具有根基性、导向性、统领性、互补性、和谐性、民族性和本土性等特征。人文课程不仅要传授知识，更需要为受教育者提供一种生活的职业训练。做好高校人文教育课程体系的设置与完善，应该做到以下三个方面：

1. 构建科学的人文教育课程体系

首先，要给人文类课程以足够的重视和充足的学时。大学本科生的课程主要由公共必修课、专业基础和必修课、专业选修课和公共选修课几个模块组成，我们认为包括政

治思想教育类、历史类、体育、外语、计算机类课程在内的公共必修课，以及不同学科相互交叉指定或任选的文学艺术与科学教育等课程，总计学时不应少于大学四年总学时的30%。

其次，在具体课程设计时，既要体现综合大学文理科之间的差异，又要考虑到不同类别课程的交叉对大学生人文知识的构建和科学精神培养的潜在影响，还要综合考虑各学科类别的学生所具有的不同的知识基础。

2. 强化通识教育意识，促进专业课程教学中人文教育的渗透

在高校课程设置过程中，人们往往把人文教育与科学教育完全隔离，阻断了人文教育在科学教育专业课程中的有效实现。随着人文教育研究的广度和深度不断加强，越来越多的人意识到人文教育的实现需要加强与科学教育的有效结合。实现人文知识在专业课程中的渗透，需要不断加强通识教育意识。19世纪初，美国博德学院的帕卡德教授在《北美评论》撰文中就曾写道："我们学院预计给青年一种共通的教育，一种古典的、文学和科学的，一种尽可能综合的教育，它是学生进行任何专业学习的准备，为学生提供所有知识分支的教学，这将使得学生在致力于学习一种特殊的、专门的知识之前对知识的总体状况有一个综合的、全面的了解。"西方高校特别是美国的人文教育发展到今天已经系统化和具体化，而我国大学教育仍有很大的不足，不能真正满足人文素质教育发展的要求。因此，加强通识教育意识，使人文教育进入科学教育这个大学教育的主渠道，才能真正在大学教育中得到充分体现。在专业教育中融入人文教育，让学生在潜移默化的过程中提高人文素质。

3. 推进人文教育课程教学内容与方法改革

针对大多数学生非常希望教师能避免"一言堂"模式的教学，更倾向于"以有趣的活动吸引学生参与到课程的学习"的学习需求。笔者认为非常有必要推动人文教育课程中教学内容和方法的改革。

首先，在人文课程教学内容的选取上要注重人文方法的传授。人文方法是指人文思想中所蕴含的认识方法和实践方法。人文方法表明了人文思想是如何产生和形成的。学会用人文的方法思考和解决问题，是人文素质的一个重要方面。科学方法强调精确性和普遍适用性，而人文方法强调确定属性，强调体验，与特定的文化相连。

其次，在教学方法改革上，要加强课堂教学方式改革以及课外文化素质教育实践基建设。教师在组织课堂教学过程中必须带有亲和力，不能"独断专政"，要让学生有一定的自由度，充分调动学生参与到课堂中来，整合各方面的因素，把练习和延伸拓展进行优化设计。这样的课堂才有活力、有智慧和情趣，才能真正让学生成为学习的主人；

在课外实践环节上，积极建立大学生文化素质教育基地。建设大学生文化素质教育基地，要依托学校所处地域的文化条件和资源优势，充分利用境内历史文化资源丰富，组织学生开展历史文化考察和民间文学采风活动等实践活动，鼓励学生申报与地方历史文化相关的研究性课题，在教师的指导下，形成研究成果，从而促使学生在丰富多彩的地方文化实践活动中感悟中华文化的人文精神与人文力量，促进人文知识对学生心灵的渗透，对学生的身心发展起到量变式的启发和影响，进而阶梯式地达到质变效果，让学生受益终生。

（二）加强教师人文素养的提升

转变教育观念是加强人文教育的基础，改革、完善教学体系是加强人文教育的根本手段，而提高广大教师的人文素质是加强人文教育的首要前提。

教师的人文素养就是教师所具有的人文精神及教师在日常活动中体现出来的思想、道德、情感、心理、性格和思维模式等方面的气质和修养。教师人文素养的提升要求教师自身要不断地加强人文知识的学习，同时，具备在实践活动中能够广泛应用人文知识的能力。

由问卷调查可以知道，学生普遍希望老师在传授专业课知识的同时渗透一些社会热点话题的信息（70.4%的学生认同），还有相当一部分学生希望老师传授一些人际交往、公关礼仪等方面的知识。据此我们认为，全面提高师资队伍的人文素养，从以下几方面着手更为有效：

1.要加强学科间交流，改善和优化教师的人文知识结构

由于我国院校长期以来实行重"专业"轻"基础"人才培养模式，教师只重视本专业知识的要求，而忽视了对其他专业知识的掌握和了解，由此出现了大学理工类教师的人文素质相对较弱，而文科教师的科学素养相对较低的现象。教师文理不能兼通的局限，使得学生既不能在科学教育中充分感受到人文的熏陶，也无法在人文教育中体会到科学的力量。为此，加强学科专业间的相互交叉，促进不同专业教师间的相互交流，已成为学校专业人才培养方案设置，以及改善教师人文知识结构中一个亟待解决的问题。

2.教师要广泛阅读，更加开拓自己的视野

从我们的调查分析可知，多数学生希望在课堂学习中能学到更多的课外知识。所以作为教师，既要关注社会热点现象，也要注重优秀的文化传统学习。教师应努力完善自己的知识结构，因为只有"完整"的教师才能培养出"完整""健全"的学生。

3.强化教师的责任意识

人文教育不仅仅是掌握一门"交际礼仪"或"音乐鉴赏"，而是在于引导学生懂得

人类社会的价值,包括生存的价值,社会的价值,美学的价值,等等,通过这些价值导向作用,使学生成为有个性、有思维、有境界的人。这就要求教师在教学工作中要有高度的责任感和敬业精神,能够做到身体力行,不断提高自己的人文知识和业务水平。

(三)加强校园文化建设

校园文化是学校本身形成和发展的物质文化和精神文化的总和。由于学校是教育人、培养人的地方,因而校园文化一般取其精神文化之含义。即学校共同成员在学校发展过程中,逐步形成的包括学校最高目标、价值观、校风、传统习惯、行为规范和规章制度在内的精神文化,以及校园建筑、校园景观、绿化美化等物质文化,其中以精神文化为第一要义,因此,校园文化是师生精神风貌、思维方式、价值取向和行为规范的综合体现。它在一定程度上彰显了学校发展的独特理念与发展特色,可以说,改善校园文化环境是加强人文教育的重要途径。

1. 丰富图书馆人文类书籍,开展"名著阅读"活动

在调查中得出78.5%的同学认为图书馆的人文类书籍能较好满足他们的需求,但是仍需丰富。高校图书馆应该在丰富人文社科类书籍的同时,通过开展"名著阅读"等活动,提高学生阅读人文经典著作的兴趣。

2. 提高校园文化活动质量

我们调查到有88.4%的同学认为学校比较缺乏人文类讲座,而自然科学类专业的学生对于此类讲座的需求更加强烈;对于校园活动,66.3%的同学则认为目前大部分活动流于形式,并无文化内涵;对于一些社会实践活动,人文类的学生则表现出极大的积极性,但是学校提供的平台较少。针对此类现象,学校方面应加强校园文化建设,一是增加高质量人文类讲座的举办,同时做好宣传工作,让学生有更多的机会与大师接触、与名家接触,体悟人文精神之美;二是开展健康向上、格调优雅、内涵丰富的学生文化活动,对学生会、社团等组织的活动严格把关,防止活动过滥、过杂、过吵,坚决杜绝"形式主义";而对于社会实践活动,除每年暑期各学院、社团组织的实践活动外,建议各学院增强实践基地的建设,让学生能够在暑期获得实践学习的机会。

3. 提升校园"软""硬"件水平

作为育人场所的学校,在校园建设中要充分体现人文关怀,着力营造书卷气息和儒雅氛围,为人文教育提供良好的外部环境。为此,应当做到:一、要精心设计,构建绿化、美化、知识化的校园环境;二、要与时俱进,倡导开拓、进取、创新的人文环境;三、要以人为本,优化发展个性、培养特长的活动环境。

五、加强人文教育提升大学生人文素养的途径

（1）确立合理课程比例，适当加大人文学科学时。应由教育主管部门提出要求，采取强制性和自我激励的双重措施提高学校和学生对人文学科的重视程度。选好选准突破口，确定人文教育内容。人文教育的范畴和内容应当涵盖社会科学的大部分，文学、艺术、历史、政治、法律、音乐、美术等，具体教学内容在与时俱进的同时，也应该具有永恒的不变的经典部分。

（2）建设靓丽校园文化，塑造良好人文环境。强制性课程的设置目的是为了奠定和形成良好的人文气氛和环境氛围。校园的文化建设，人文文化沃土的培养，人文精神的内化、人文素质的提升，需要高校开展系列的持续的活动来保证其实现。

（3）引导学生价值取向，达成人文素质教育的共识。人文教育不仅关系到个人的价值观人生观和独立精神的培养与发展，而且也事关全社会的价值取向和发展。对于塑造一个民族独立自主、自强不息的精神，持久旺盛的生命力、源源不断的创新精神，团结一致共同奋进的民族凝聚力都具有极大的现实和深远的意义。

大学生人文教育的开展，大学生人文素质的养成，人文精神的培育，这些工作只有引起社会全方位的重视，并积极行动起来，形成合力才能完成这一社会性的系统工程。

第二节　现代人文主义技术哲学

对现代人文主义技术哲学的反思作为反思之反思，其主观意图是深度挖掘包含于人文主义技术哲学中的理论意蕴。我们的目的不是排斥那种具有悲观性人文主义者的技术哲学，我们需要以正确的态度和方式来面对技术。构建一个合乎我们时代的技术观，合理地处理好自然与人与社会之间的关系，从而避免由技术而引发的社会危机。

当代技术发展日新月异，技术对社会、自然的变革作用也越来越明显。技术高速发展，随之而来的负面影响也被扩大，面对技术引发的危机，人们开始慢慢研究技术并且反思技术，反思技术所导致的一些消极影响。此种反思包含有两个进路：工程技术哲学的进路和人文技术哲学。后者是人文学者创立的人文主义技术观，此种技术观关注技术意义的研究与阐发，反思技术发展给人类社会带来的消极后果。

一、现代人文主义技术之思的问题

由社会、自然、人组成的技术系统是复杂的系统，技术系统包含软技术和硬技术。所谓软技术即是创造的技巧，涉及如何设计、控制程序的方法，而涉及劳动工具的物质手段即是所谓的硬技术。现代人文主义的技术哲学批判了工具论的技术观或者是工程的技术观，认为无论是工具论的技术还是工程的技术观都没有揭示其技术的本质，并且此工具论的技术观或者工程的技术观对技术自身所引发的危机毫无裨益，诸如此类的技术观只会带来新的危机而不会解决什么实质性的问题。"技术本质实体化即是把技术理解为异己的力量。"因此，认为技术的发展有自律的力量在支配着万物，并不受人类的干涉。其自律的力量可以不受人类自身的控制，并且以作为一切存在者物化的原动力的形式存在着。当代美国技术哲学家约瑟夫•皮特认为，不应该将技术作为一种自主性的力量。"人是操作技术的主体，决定了技术的形式以及技术以怎样的方式作用于人，所以技术对人并不构成恐惧，人比技术更为恐怖。在任何的技术改造中或者利用中，人扮演着重要的角色，他可以使技术服务于人类，也可以使技术危害人类的生存，关键在于人如何的利用技术。"由此可见，皮特批判人文主义技术哲学的主要方面在于技术自主性的理解，也批判了那些将技术本质实体化了的做法。

费恩伯格说到人文主义的技术哲学时，将马尔库塞、海德格尔等人的技术哲学称为有技术实体主义的倾向。他认为所谓的技术实体主义即认为技术的本质是异于我们自身的，不受其我们自身力量的支配，费恩伯格认为海德格尔的技术观隐性地表达了一种宿命论，而他却一直主张在日益技术化的世界中看护意义而不使其意义流失，表征出了人文气息的实体性质，还是没有走出西方形而上学的思维模式，海德格尔批判技术理性，并未真意义上揭示技术，而是形成了技术本质中心主义的理解。

现代人文主义技术哲学认为传统技术不同于现代机器技术，二者是非延续的，二者之间存在着一条不可逾越的鸿沟。所谓的现代机器技术与上面谈及的技术实体化的思维路向相关，既然是实体化自然会涉对象性的思维模式。而传统技术在他们看来是天人合一的自然之表达，并不认为技术是外在与我们自身的，此种天人合一的技术也不会危及到自然。

因此在现代人文主义技术哲学家的眼里，传统技术观是异于现代技术观的，技术是一个时代的标志，它标志着时代的转型。在传统技术观中的技术是与技艺同一的，或者可以将技术与技艺等同起来，在希腊人那里，技术涉及技巧与心灵的艺术。"古希腊时期的技术与制造意义上的技术是相区分的，而海德格尔却不这么认为，他认为现代技术的本质是'座架',它把人类自身都降格为物质。"现代技术异化了技术与人与自然的原初形式。事实上,现代人文主义技术哲学家的理解都是不全面的,都含有一种片面性,我们可以采用技术史的角度去分析。十八、十九世纪被认为是以蒸汽机为代表的革命性的时期,各种现代的机器设备应运而生,但实际上它们的原理模仿了传统技术的原理模型,或者继承了传统技术的模型。我们可以举蒸汽机的例子来说明。

在十八世纪到十九世纪,蒸汽机在社会的发展文明的进步中扮演了重要角色,蒸汽机的发明作为第一次工业革命的标志,被认为是十八世纪伟大的发明之一。但很少人知道在蒸汽机发明之前,当时人们使用的是纽可门蒸汽机这一情况。因为蒸汽机的很多原理还是模仿了纽可门蒸汽机的原理。此外还有机械技术及机器被认为是工业革命之后才被发明的,如带刺铁丝,电动机等都在不同形式上延续了传统技术的形式。

因此费恩伯格认为,在历史分期上人文主义技术哲学存在着一定的问题,认为不能区分传统技术与现代技术。从表面上看来,区分现代技术与传统技术是历史的,其实质上是没有辩证地看待技术的发展。

二、现代人文主义技术之思的特征

把这些人文主义者的技术哲学所表达的思想观点整合起来,你会发现他们的思想观点都存在一个基本假设前提,下面就让我们来仔细地研究和分析这个假设前提。

当然我们仔细研究和分析的这个假设是具有一定的代表性的,这个假设也就是:历史已经发生了翻天覆地的变化,并且在本质上已经断裂。现代技术使人类从传统社会过渡转型到现代社会,其价值观与生活理念方式也发生了转变。现代社会对自己所造成的问题却显得无能为力。因而必须与现代技术理性和现代性相断裂,试图创建一种超越于现代性的理论。通过研究分析人文主义技术哲学的基本相关的理论,我们发现主要有以下几个显著的特征。

(一)对现实具有强烈的针对性

人文主义哲学已经从思辨性(以海德格尔为代表)转化为实践性(以芒福德为代表)。由技术所引发的诸如生态失衡、大气污染等问题,都是人文主义技术哲学所关注的或者说要重点解决的。当今现代文明面对着令人棘手的社会问题,他们试图走出其理论的沉思,不再在埋怨中蹉跎岁月,而是对现代性展开全面而有力地的批驳,达到惊醒人们的目的。尽管在一些具体思想观点上还存有一定的局限性,但我们必须承认的是他们对技术理性的批判是强有力的,而且他们对现代性局限的认知明显要深远得多。

（二）建构新的理论框架

如何建构自然、人、社会与技术之间的关系。人文主义技术哲学关注于整体的有机论，反对将它们割裂开来，同时也抵制那种认为人就是开发、利用和统治自然诸如此类的观点。"人文主义技术哲学强调的是自然、人、社会与技术内在的自然和谐而非是相互冲突的一面，强调的是一种相互交往的关系，主张在交往理性中来消除技术理性所带来的一些消极的影响。"

人文技术哲学家在批判技术理性的同时，也表达了自己的意见。例如，海德格尔主张用艺术来拯救科学技术，企图用艺术来弱化技术的神化功能，提倡"审慎之思"；马尔库塞主张历史的合理性，并试图用历史合理性的思想去补漏工具合理性的缺失等。可以看出他们对技术都充满了忧虑的情怀，在他们看来，技术不一定就可以造福人类，但需要明白的是他们并不是完全地否定技术，而是主张合理地利用技术，那种主张完全抛弃技术的人毕竟是个别的。大多数的技术哲学家在表达忧虑的同时也提出了一些如何改进之的理论。

（三）表到了"天人合一"的理念

我们不能不提的是人文主义者对技术的思考与东方哲学有着某种相契合的地方。例如海德格尔的后期思想与中国老子的哲学"天人合一"有相类似的地方，都在表达着天、地、人要相互和谐、整体合一。这种整体合一、生成的思想试图克服二元论思维模式。以前西方的思想都带有主体性的影子，所以在主体性影响下的人与自然的关系，自然是人占据主导性的位置进而控制和利用自然。这种主体性的原则让他们领略到对自然大肆剥夺所带来的负面影响，使西方人文主义者开始认识到人与自然和谐相处的重要性。"虽然很多人文主义者所表达的技术思想是不同的，但他们在强调人与自然和谐相处这一点上是一致的，主张一种新的自然观和技术观，这种新的自然观、技术观也预示着一种新的生态文明理念发展的趋势，生态文明主张人与自然相处有道，和谐而不相互冲突。"我们不难得出这样的结论：现代人文主义的技术哲学有其合理的地方，其自身也有缺陷。在此，我们只是略微地作了一下简单的概述。

三、探寻发展现代技术的人文途径

由技术自身引发的一系列的人文问题还得由"技术"（新的科技技术力量形式）来解决，因此要解决问题，必须发展新的科学技术，壮大新的科技力量，是走出其危机困境的重要途径。在发展新的技术力量形式的同时，也要注意到如何处理技术与人关系的问题。不能一味地只是发展高科技，而忽略人文环境的影响，在一定程度上人文状况的好坏直接影响着科技发展的状况。在很多时候，我们只把注意力放在科技发展上面，对人文方面的关注其实是很少的，在这样的思想意识下，我们很难发展好技术以及很好地解决技术所引发的一系列的人文问题。显然，技术决定论——技术实体主义与人文精神之间存在着相互抵触的地方。技术"实体化"认为技术是一种外在于我们自身的独立自主的力量，技术自身的发展并不受外部因素的影响，相反，技术作为自变量的因素对社会有一种单向度的作用，我们只是注意到技术对社会的作用，而很少考虑到社会对技术也有一定的反作用。"而且技术实体主义者把技术当作不依赖别的一个独立自主的东西，这样势必弱化了人的主观能动性，弱化了人自主塑造的功能意识，由此，人变得消极被动而成为技术的接受体，这样不利于通过人与技术相互作用而促进技术的发展。"

"技术是人文的技术，技术的设置与创制离不开人主观自为的目的，受制于人自身的目的，有什么样的主观目的就有什么样的技术模式诞生。"各个国家所制造的产品都有其自身文化的印记，都被打上自己国家文化的烙印。拿日本作为事例吧，构成日本技术之基础不是别的而是日本本土的文化，其本土文化在无形中影响着本土所制造的产品，换句话说，其自身文化有什么样的特色特征都会反映在所制造的产品中，你可以从产品中来发掘产品自身所包含的文化因子。我们知道日本节化实质上可以算得上是学习型的文化这一类型，由此日本所生产的技术产品形成了所谓的"生产现场主义"；再拿中国的文化为例子，中国的人文特点也对其自身的技术发展有着极大的影响，中国人讲究的是含蓄、慎独，重视自身价值的实现，其产品多带有含蓄，精雕细琢的风格，特别是杭州的刺绣更是彰显了其文化的独特性；再拿美国为例子，为什么美国成为许多技术创新的策源地，其原因与美国人讲究实用，重视个人的价值相关。

要拥有更好的人文效益，需要有良好的人文环境与现代技术。良好的人文环境与理想的现代技术环境直接促进了现代技术人文效益的发展。我们反对那种只知道一味地发展高科技而忽略人文环境的发展的做法，我们应该在发展高科技之余，优化人文环境，抵制那种用技术决定论的思维来发展我们现代技术的思想言论。

原中国科学院院长卢嘉锡在一次谈话中曾说："毛估和精确，都是必不可少的认知阶段。在认识的头几个阶段，就要求拿出精确的答案来，是不可能的。总是先有毛估，再一步步逼近精确；总是先有模糊，再一步步走向清晰。毛估是认识的开端，也往往是认识突破的开端。"因此，现代人文教育需要将精准教育与模糊教学相结合，注重挖掘模糊教学的合理内核。

四、问题与弊病：现代人文教育片面追求精准的深思

应该说任何事物都有一体两面性，现代人文教育对精准科学的追求也同样遵循此规律。随着现代科学技术的发展，它一方面推动了社会的巨大进步，另一方面也忽视、压抑了人的天性和情感。崇尚科学作为一种思潮，使人们习惯于用精确的方法思考和推理，极力追求精确明晰的方法，以获得事物科学的逻辑美，尽管这些精确化的科学手段虽然解决了一些传统教学中的难题，但由此带来的诸多弊端也日益凸显。

（一）精准教学导致学生的思维线性

精准教学一般都依赖现代教学设备与仪器，围绕既定的教学模式与过程展开，具有严密的逻辑性，在此模式的运行过程中，教学内容指向和思维方式都是既定的，同时，对教授信息的分析与综合只是形式上的演绎，此种教学方式容易导致学生的思维定式，极大地束缚了学生的思维空间，影响了学生非逻辑性思维的发展，而对于人文社会科学的学习而言，直觉、灵感以及发散思维等非线性思维对于感受和理解教学内容却是至关重要的。

（二）精准教学导致教学评估标准的僵滞

应该说，运用现代数学统计方法对教学信息和效率进行量化评估，以科学的数据分析为起点，对于整体改进教学方式与方法而言，具有数量上的基础意义。而对于人文社会科学教学而言，则需要辩证地看待其科学性，原因在于人文社会科学是一个极其复杂的系统，它不仅包罗万象，而且也是人类对所生存的自然环境与社会环境的综合认识过程，它的信息载体更多来自于人的内心世界，具有相当强的主观性，它甚至有时与理智和逻辑是道途殊异的。所以，理解与评估人文社会科学的教学，当然不是几条僵死的标准和几步抽象的推理能完成的。

（三）精准教学导致教学目标的单维

应该说每门课程的教学都有明确的教学任务目标，这是考核教学效果的主要指标，为了更好地实现这样的目标，教师往往习惯于采用精准的"一站式"的演绎，让学生围绕老师的思维，在一种平静的、稳定的、封闭的环境中被动地接受知识，学生长期处于这样的精准环境中，可能对知识教学目标的接受确实更加容易一些，但它却忽略了学生主动学习的重要作用，其实，掌握书本知识只是教育的一个目标而已，除此之外，还有大量的其他教学目标需要完成。对于学生而言，信息接收是从已知信息的无序到有序、不确定到确定、不平衡到平衡的归纳整理过程，而精准教学的单维目标则遗弃了这个过程。

五、历史与传承：模糊性思维的哲学溯源

中华五千年的悠久历史孕育了灿烂的中国文化，其中，关于"模糊性"的思考在中国传统哲学思想中早有雏形，表现最有代表性的便是老子的"有无相生"的哲学命题。在中国古代美学中，往往把直感体验浓缩为理性的结晶，并升华为玄之又玄的道。道分有无，归于玄妙。"玄之又玄，众妙之门"，这种有与无的合分、分合的变动不居，生生不息、周而复始的循环过程，即是有无相生。换言之，从无到有，从有到无，有无结合，相互转化，周行不止，无始无终，这便是道的运动过程。这是老子哲学思想的核心，也是老子美学思想的哲学基础。由此观之，老子哲学思想带有模糊性的特点。横向上：你中有我，我中有你，亦此亦彼，相互渗透；纵向上：无中生有，有中生无，它表述了有无之间变动不安的不确定性。这也是老子对于道的最高理论概括，其蕴涵了朴素的"模糊性"。

由老子哲学思想及美学理论生发出：思与境偕、神与物游、质文代变、叁伍因革、阴阳惨舒、刚柔相济、虚实相生、情景交融、形神兼备、曲直互补、疏密相间、巧拙有素，等等，这些对举的概念，都在研究对立事物（甲乙双方）之间相互过渡的模糊现象。当这些对象之间的中介环节，在一起一落的变动中，相互撞击，发生震荡，也就是耗散结构论中所说的不平衡、不稳定、非线性状态。在碰撞过程中，某些旧的环节消失了，某些新的环节出现了，某些环节变脆了，某些环节增强了。这些中介环节，显示出重新组合、相互渗透、左右摇摆、上下浮动的不确定状态，从而出现模糊。

国外关于"模糊性"的论述早在札德之前就有很多相关的表述：恩格斯在《自然辩证法》中说："一切差异都在中间阶段融合，一切对立都经过中间环节而互相过渡，对自然观的这种发展阶段来说，旧的形而上学的思维方法就不再够了。辩证法不知道什么绝对分明和固定不变的界限，不知道什么无条件的普遍有效的'非此即彼'，它使固定的形而上学的差异互相过渡，除了'非此即彼'，又在适当的地方承认'亦此亦彼'，并且使对立互为中介。"这就是说，客观世界没有清晰精确的固定不变的东西，至少同时是庞大的模糊域，"亦此亦彼"揭示的正是事物的不清晰、模糊状态，同时告诉我们"非此即彼"是形而上的，"亦此亦彼"才是辩证法的。

黑格尔对模糊论的贡献主要表现在他的中介论哲学思想中。他说："每一方都是对方的中项（中介），每一方都通过对方作为中项的这种中介作用自己同它自己相结合、相联系；并且每一方对它自己和对他的对手都是直接地自为地存在着的东西。同时由于这种中介过程，它才这样自为地存在着。它们承认它们自己，因为它们彼此相互地承认它

们自己。"这里，黑格尔指出，不同的对方，通过中介而结合，你中有我，我中有你，相互联系，相互渗透，亦此亦彼；在这种结合中具有流动性、可变性，环节与环节之间相互浸润、渗透、融合。

康德从价值层面论述了"模糊"："知性在模糊不清的情况下起作用最大……模糊观念要比明晰观念更富有表现力……在模糊中能够产生知性和理性各种活动……我们并不总是能够用语言表达我们所想的东西。"

通过以上分析，我们发现模糊与精准相对应，二者存在严密的辩证关系，即模糊性是普遍的、绝对的，精确性是相对的；模糊性寓于精确性之中，精确性是模糊性的特例和表现；模糊性与精确性是矛盾的对立与统一的双方，相互依存、相互联系，在一定条件下相互转化。

六、功效与能量：现代人文教育的模糊性诉求

需要指出的是，模糊教学艺术中的"模糊"不是指那种不合思维规律的悖理模糊，而是指符合思维规律的辩证模糊，它既不同于是非不分的糊涂，又不同于模棱两可的含混，也不同于故弄玄虚的神秘，更不同于老于世故的圆滑，它是原则性和灵活性的高度统一，充满着科学与艺术融合的灵气。它以正确性为前提，要求教师在潜心体味，深刻理解教学内容的前提下，在启发诱导学生上下功夫。确切说，它是一种难度较高的教学手法。如果认为模糊教学艺术只要意会，用不着深入钻研教学内容，了解学生。不改进教法，不指导学法，马马虎虎应付，那就是对模糊教学艺术的曲解。实践证明，模糊教学在一定的教学情境和教育背景下，能收到比用清晰的表达、明确的语言、严谨的推理等科学教学手段更优化的教学效果，因此，应当重视模糊性在当前人文教育中的重要作用。

（一）利用模糊教学发展学生的非线性思维

非线性思维具有波动性，它除了受主导思维引导外，还需要结合自身的情感、性格、兴趣、爱好、经验、想象等，共同处理新鲜事物的画像，使其具有适合于自己的立体图案。在教学过程中，它常常表现为思维过程的不确定性的"产生—消除—再产生"，表现为不确定性思维过程。而我们的模糊性教学恰好能给这些不确定性提供缓存，以便信息的准确接收。

（二）利用模糊教学完善教学绩效考核指标

教学绩效考核包括定性与定量两方面的内容，如果在人文教育考核中偏轻偏重了精确性或模糊性任何一面，都势必影响整体教学的效果。其实，在对整体教学进行考核时，应当遵循科学、全面的原则，综合考虑各方面内容，从整体上把握教学效果。以前，在

设置教学考核指标时,可能更多的是从定量角度考虑问题的,而忽略了定性这一维度,如果由于模糊性教学指标的缺失,导致教学考核信息的不全面,必将导致教学信息量化研究所服从方法规律的错误运用,这样,也就直接导致教学效率评价或教学信息量化研究的效度信度的降低甚至错误,使其失去评估、指导、调控的科学依据和作用。

(三)利用模糊教学实现人文教育的多维目标

人文社会科学教学,有不少是属于感受性质的,语言感觉能力至关重要,如情感陶冶与审美教育,甚至对语言的理解,很大程度上都是依赖于感受的,所以,加强对学生的语言感受能力培养,也是模糊教育的一个应然目标。在现行的人文教育与考核中,已经习惯于追求 A、B、C、D 选项的"标准化","标准化"虽然需要基本基础知识的掌握,需要追求知识的精确性和严密性,但在很多情况下,它还需要科学、合理的审美观,而模糊性人文教育正是由于它重视直觉思维与体悟能力等形象审美能力的培养,使得学生在获得精准基础知识的同时,又得到了各种审美能力的培养。

第三节 道德的发展和教育

本节旨在比较孟子的道德成熟论与科尔伯格的道德发展论之间的异同,从而探究在道德成熟论中有哪些部分仍然与当今世界的道德教育有着密切的关联。在本节中,我们试图站在科尔伯格的视角向孟子的道德成熟论提出挑战,并尝试着以某种创新性解释来帮助孟子做出合理的回应。通过这场虚构的对话我们发现,尽管孟子和科尔伯格在理论倾向、对道德进步的界定以及在道德观上有着明显的差异,但二者之间依然能够进行富有创造性的对话,从而使我们可以汲取儒家的思想资源以重新审视当代中国以及东亚其他国家和地区的道德教育。

孟子是中国古代著名的思想家和教育学家,其有关道德成长的理论可以被概括为"道德成熟论"(moral maturity)。孟子认为,人生来便具备善的潜质,即"善端",它们就像种子的嫩芽,需要不断培养才能成为现实的道德品质。长期以来,孟子的这一理论对于中国以及受儒家传统所影响的许多东亚国家和地区的道德文化和教育产生了持久的影响。然而,自 20 世纪初开始,这种理论便因其内容的理想性以及方法论的不实用性而遭到了来自各方的批判和怀疑。直到近些年,这种负面性的态度和评价趋势才有所回转,原因在于,有越来越多的人开始意识到,在当代社会,尤其是在这个物质主义和消费主义的时代,我们不仅需要重新评估孟子,而且需要重新发掘道德成熟论在现代生活中所承载的价值。

对于孟子道德论的重估可以从多条路径展开。在本节中，我们将尝试站在当代儿童发展心理学家劳伦斯·科尔伯格（Lawrence Kohlberg）的实验心理学视角，以科尔伯格的道德发展论来透视孟子的道德观，从而对道德成熟论加以新的诠释和重估。我们希望，通过我们的研究，能够使孟子的道德教育理论在现时代获得新的发展和推进。

一、孟子的道德成熟论

"道德成熟论"是我们对孟子有关人的道德起源、发展以及完善等一系列道德理论的一种概括。在孟子那里，道德成熟论之所以可能是因为每个人生来便具备一切道德德行的始端，即"四心"，这是人之为人的本质。作为"善端"的"四心"只有经过不断培养才会成长并实现为四种道德德行，即仁义礼智。否则人性便会落空。在此意义上，孟子认为，"人之所以异于禽兽者几希"（《孟子·离娄下》）。虽然孟子并没有对其道德理论做出明确的界分，但通过诠释，我们可以将其道德成熟论大体分为三个层次，即自然道德、自律道德和自由道德。

道德成熟论的第一个层次是自然道德。孟子说，人生而皆备"四端"，这些天赋善良资质便是人之"才"。才者，"草木之初也"（《说文解字》）。也就是说，"善端"如草木之初一般具有一种自然的生长力，德行的实现乃是人性的一种自然需求。自然道德在儿童身上的最初表现便是仁义等"良知""良能"："孩提之童无不知爱其亲者，及其长也，无不知敬其兄也。亲亲，仁也；敬长，义也。"（《孟子·尽心上》）知道了仁义，自然也就懂得了什么是礼和智，因为，礼乃是对于二者的调节，而智则是对于二者的坚持（《孟子·离娄上》）。由此可见，"仁义礼智，非由外铄我也，我固有之也"（《孟子·告子上》）。为论证这一点，孟子举了"孺子将入井"的例子。孟子说，"乍见孺子将入于井"之人皆有"怵惕恻隐之心"，因为是"乍见"，所以没有任何功利考量，完全是自然本然之情，这种"恻隐之心"便是"仁之端"，如果连这种恻隐之心都没有，那就是"非人"（《孟子·公孙丑上》）。但孟子也指出，所谓"性善"是指性"可以为善"，而非必然为善，因为人除了"四心"之外，还有耳目之官，"耳目之官不思，而弊于物。物交物，则引之而已矣。"（《孟子·告子上》）因为人有五官七情六欲，所以常常会被外物所蒙蔽，以至于"陷溺其心"。但这不是"善端"之错，"若夫为不善，非才之罪也"（《孟子·告子上》）。恶来源于对善的遮蔽，而非善自身的空场。对此，孟子举出了"牛山"的例子，以说明外在环境对人性的巨大影响。总之，在孟子看来，仁义礼智在最初阶段完全是自然地呈现在儿童的日常道德生活之中的，它们为道德德行的完满实现奠定了良好的开端。但是，自然道德并不是必然道德，潜能虽然渴望着实现，但不必然成为现实，因为这需要一定的条件，也即人的努力。因此，自然道德还需要走向更高的层次，即自律道德。

自律道德是德成熟论的第二个层次，也即"大人"或"成人"道德。众所周知，孟子对"体"进行了小大之分，"小体"就是耳目之官，"大体"就是"心之官"，也即人之为人的本性。在孟子看来，"养其小者为小人，养其大者为大人"(《孟子·告子上》)。"养大体"就是对"四心"加以现实化、实现仁义礼智的过程。因此，所谓"大人"，也即拥有四德的君子，而"大人"道德也即这四种德行的完整实现。由于无"四心"则"非人"，"养小体"则为"小人"，因此，"四德"的实现与否直接关涉到能否"成人"的重大问题，在此意义上，"大人"道德也即"成人"道德。与自然道德不同，"大人"道德是一种自律的道德："人皆有所不忍，达之于其所忍，仁也；人皆有所不为，达之于其所为，义也"(《孟子·尽心下》)。从"仁之端"到"仁"，道德自律起到了关键性作用。没有道德自律，"达"的功夫便无从展开；只有通过道德自律，人们才会主动从事"老吾老，以及人之老；幼吾幼，以及人之幼"(《孟子·梁惠王上》)的道德实践，从而实现道德成熟。也就是说，"四端"虽我本有，但要想真正实现这些道德并终身行之，单靠自然直觉是不够的，它还需要后天的努力，也即"扩而充之"的功夫："凡有四端于我者，知皆扩而充之矣，若火之始然，泉之始达"(《孟子·公孙丑上》)。由于受感官欲望的影响，人们在道德实践中还会经常遇到"放失其心"的情况，如此，人们就需要不断同外界的诱惑做斗争，以恢复人的本心。因此，"学问之道无他，求其放心而已矣"(《孟子·告子上》)。总之，道德的实现并非朝夕之功，而是个体长期扩充其善心的结果，由于这一过程离不开个体意志的道德自律，因此，这一层次的道德也就被称为自律道德。

道德成熟论的最高层次是自由道德或天人道德，它是对于自律道德的进一步升华。我们说，孟子的道德理论实际上就是对于"心"的不断培养和扩充，而一旦将这种扩充发挥到极致("尽")我们就会发现，我们又回到了孟子道德论的原点，即人性善。在孟子看来，因为人有"四心"，所以人性是善的；而要想认识到这一点，人们就必须尽力发挥和实现这"四心"。"尽其心者，知其性也。知其性，则知天矣。"(《孟子·尽心上》)这里，我们与其将孟子的论证方式视为逻辑混乱，不如将其理解为一种实践智慧。因为，在孟子看来，人和动物的差别"几希"，如果不尽力将其实现出来，那么人就不会明白人之为人的高贵性。只有尽力实现人的"善端"，人才能更深刻地明白"上天"为何要将人安置于这天地之间，与天地并立而生。通过"尽心"，人不仅认识到人性本善，而且认识到了这种人性的形上之源——天。既然人性之善是天意使然，我们就更应该尽力将其实现出来。"存其心，养其性，所以事天也。"(《孟子·尽心上》)正是在这种意义上，天道与人道相合而一，人性完美地展现了其原初之所是，天道也充分体现在了人的伦常日用之中，人的道德也由此进阶到了天人合一的境界。这种天人道德，正是孔子所说的那种"从心所欲不逾矩"（《论语·为政》）的自由道德。

总之，从自然道德到自律道德再到自由道德，孟子的道德成熟论完成对于自身的诠释和建构。道德上的成熟不仅成为人类自我实现、自我证成的唯一康庄大道，而且为人类踏上"天人合一"的"内向超越"之路指明了前进的方向。

二、科尔伯格的道德发展论

与孟子不同，科尔伯格从未假定儿童有任何天赋善心。作为心理学家，科尔伯格通过实验发现，人天生就是以自我为中心的存在，并且会努力寻求对于自身需要的满足。但是，在有关儿童的道德发展方面，科尔伯格并不是一个纯粹的、冷冰冰的心理学家。在他看来，儿童天生便拥有一种与心智（mind）相关的学习能力，这种心智会通过经验而变得成熟。科尔伯格曾明确指出，"我的道德研究是从皮亚杰（Piaget）的阶段概念以及他认为儿童是一个哲学家的观点出发的"。换句话说，他的研究是建立在实验科学和哲学假设的双重基础之上的。科尔伯格把儿童的道德发展视为儿童整个认知发展过程的一部分，儿童的道德成熟实际上就是其道德认知不断向更高阶段发展的过程。在科尔伯格看来，"道德认知是对是非、善恶行为准则及其执行意义的认识，并集中表现在道德判断上"。因此，道德认知的发展主要就是道德判断的发展。

以公正原则为核心结构的道德判断实际上就是对是非、善恶等问题的判断。在科尔伯格看来，一个人的道德水平越高，就越能更好地解决道德认知冲突，也即更好地解决在是非、善恶等方面的认知困境。在此意义上我们可以说，道德的发展始于个体自我的道德判断与他人的道德判断之间出现的道德认知冲突，而对于这种冲突的解决，又推动着个体道德思维的重组，从而促使个体形成新的道德认知结构，也即道德发展的更高阶段。因此，科尔伯格认为，儿童道德发展的不同水平和阶段主要取决于道德判断的结构，也即儿童以何种公正原则来思考和解决道德问题。在此基础上，通过大量实证研究，科尔伯格把个体的道德发展经历分为三个水平，每个水平又包括两个阶段。这就是著名的"三水平六阶段"模型。

所谓"三水平"是指"前因循水平""因循水平"和"后因循与原则水平"。"六个阶段"分别是：（1）惩罚与服从阶段；（2）个体的工具性目的和交换阶段；（3）相互性的人际期望、人际关系和人际协调阶段；（4）社会制度和良心维持阶段；（5）权利优先以及社会契约或功利阶段；（6）普遍伦理原则阶段。在前因循水平，个体是从其自身的现实利益出发来处理道德问题的，处在此水平上的儿童所关心的并不是社会规定为正确的行为，而是能够带来实际后果的行为（趋利避害），包括（1）（2）两个阶段。在因循水平，个体学会从社会成员的视角来处理道德问题，他会考虑社会群体的期望以及社会道德规范对其自身行动的要求，从而努力扮演好自己的道德角色，这一水平包括（3）（4）两个阶段。到了后因循与原则水平，个体开始超出其所处的特定社会的观点来处理道德问题，个体的道德判断也上升至普遍公正原则的层次，（5）（6）两个阶段属于这一水平。

道德发展的阶段有四个基本特征。一是结构的差异性（a difference in structures）。这是说，不同的道德发展阶段具有不同的道德判断结构，不同结构之间的差异并非量的不同，而是质的区别。二是不变的顺序性（an invariant order or sequence）。儿童的道德发展遵循从低级到高级这一不变的、普遍的阶段顺序，文化或者教育能够加速或延缓个体的道德发展，但无法改变这一顺序。三是结构的整体性（a structured whole）。每个道德发展阶段在结构上都是一个统一的整体，而非一些零碎的道德观念的总和。四是层级的整合性。所谓层级的整合是指"较高阶段把较低阶段作为组成成分包含进来，并在较高水平上加以重新整合"。"在每个阶段，都是对同样的基本道德概念或方面的界定，但在每个更高阶段，这种界定都变得更为分化、更加整合、更加一般或普遍了。"

总之，在科尔伯格看来，儿童的道德发展是一个按阶段逐步建构的过程。个体的道德认知发展以个体的智力水平和社会认知水平为前提，并构成整个认知体系的重要组成部分。智力水平通常指个体的逻辑思维水平，而社会认知水平通常表现为个体的"角色承担"（role-taking）能力，也即个体在他们的社会交往过程中"想到他人的态度，意识到他人的思想和情感，设身处地从他人的角度看问题"的能力。道德"阶段并不是儿童对于文化和外部世界的直接反映，尽管阶段的形成依赖于经验。阶段是儿童和世界之间相互作用的经验产物，是这种经验导致儿童自身组织的重组（restructuring），而不是将文化模式直接强加于儿童"。个体道德发展的动力既不是个体心智的先天成熟，也非外部世界的直接反映，而是个体与其所处的生活环境相互作用的结果。在这种相互作用的过程中，"个体的道德经验不断结构化，不断同化吸收和调整平衡新的道德经验，从而使个体的道德结构产生新的质变，飞跃到新的发展水平"。个体的道德认知水平就是在这种不断地调整、平衡与飞跃中得到提升的。

三、质疑与辩护

孟子和科尔伯格之间在理论上确实存在着很大的差别，但这并不意味着二者之间无法展开有效的对话。尤其是当我们站在现代实验心理学视角向道德成熟论提出质疑时，孟子的回应与辩护便成为我们重新审视道德成熟论的一个重要途径。就本节主题而言，这种质疑可以通过三个基本问题展开。

第一，人性是善的吗？就这一问题来说，孟子的回答是肯定的；但作为实验心理学家，科尔伯格并不相信这一点，相反，处在第一阶段的儿童往往会采取"一种以自我为中心的视角"，他们只有通过生活经验才能逐步建立起关于是非善恶的认知和判断。面对这种质疑，本节认为，孟子或许会放弃其对于"性善论"的建构性论证而改为一种范导性辩护。"建构"和"范导"本是康德批判哲学中的术语，前者是知性的方法，用以对经验对象加以规定；后者是理性的方法，用来引导知性向着更高目标前进。本节在这里借用这两个概念是为了说明，孟子所采用的那种对人性直接予以"善"的规定的建构方法在实验心理学中是无法证实的。因此，在现代哲学的语境下，对人性善的辩护只能是范导性的。也就是说，"人性善"并不是知性的对象，而是反思的对象，"是对人类存在的形上设定"，是为了人类的道德进步而设定的一种伦理目标。我们说，在孟子那里，人和动物的差别微乎其微，因此，所谓人性并不是指人的动物性，而是使得人（类）区别于动物、使得人之为人的本性，而这正是人的道德性。道德是人类所特有的一种文化现象，是人类社会在漫长的历史发展过程中积淀而成的一种心理结构。道德并不是一个可以直接感知的"实存"，它不是知性的认识对象，而是实践理性的产物，是人类特有的文化标记。也正是在此意义上，康德才宣称人是道德的存在，是自然的最后目的。总之，"性善论"作为一种先验理想已经无法在现代道德哲学中作为建构原则而被证实，但却可以作为范导原则、作为推动人类道德进步的伦理理念而在当下社会中发挥重要作用。

第二，在道德发展论的视角下，道德成熟论的三个道德层次何以成立？我们说，在没有实验心理学的时代，孟子的道德论多半是基于经验观察，但这并不意味着这种理论就毫无意义。当代著名政治哲学家罗尔斯（John Rawls）根据皮亚杰、科尔伯格等许多当代心理学家的研究成果也提出了道德成长的三个阶段，在此，我们可以参照罗尔斯的道德阶段论来帮助孟子"回应"科尔伯格的"挑战"。我们说，自然道德阶段的儿童会对父母展现出一种本能的爱，在孟子看来，这是仁义的自然呈现，是良知良能。在罗尔斯那里，儿童道德发展的第一个阶段是"权威的道德"，在这一阶段，儿童会倾向于爱他们的父母并听从他们的命令，但这并不是道德本能，而是因为父母首先"表示出了对他的爱"。"如果他爱并信任他的父母，他就倾向于接受他们的命令。"据此我们有理由认为，孟子笔下的儿童之所以知孝悌仁义并不是因为"良知""良能"，而是因为父母现在的爱，这种爱"意味着不仅要关心他的要求和需要，而且要肯定他自己的人格价值感"。同样，在"前因循水平"，儿童"对文化的规则和标记中的善恶是非观念十分敏感，但却是根据行为的实际后果或权利来解释标记的"。对他们而言，所谓对的就是"服从规则和权威"（第一阶段），并"根据具体的交换原则进行公平交易"，以满足各自的需要（第二阶段）。通过罗尔斯的解释和补充我们发现，自然道德与"前因循水平"之间有着诸多的相似性，它们都属于权威的道德，并且都是建立在对个体基本利益和独立价值表示尊重的基础之上的。

  道德成熟论的第二个层次是自律道德。所谓自律道德实际上也就是个体在自觉接受社会化之后所达到的道德水平，也即罗尔斯所说的"社团的道德"。处于这一阶段的个体已经拥有了"成人"道德，他能够承认并自觉遵守社会所普遍要求的道德规范（仁义礼智）。同样，在道德发展论中，处于"因循水平"中的个体的社会化程度会变得更高，他们能够遵从群体的期望、认可社会的制度和规范，并以此来衡量行动的价值。就此而言，一个道德上自律的人与一个处于"因循水平"的人之间并没有实质性的差异，孟子和科尔伯格只不过用了属于各自文化和时代的特殊语言表达了相似的内容。

  到了自由道德阶段，我们既认识到了人性本善，也认识到了人性的形而上学之源——天。而一旦明白了这一点，也就肩负着将这种人性实现出来的形而上学使命（《孟子·尽心上》）。由此，天道与人道便合而为一了。在此意义上，自由道德乃是一种天人合一的道德。这种道德虽然在理论上是面向所有人开放的（"人皆可以为尧舜"），但真正能达到这种境界的人少之又少。与此相应，科尔伯格的道德发展模型也只能证实到第5阶段，没有人能够达到第6阶段。正如科尔伯格自己所言："我对于最高阶段，也即阶段6的适切性要求（the claims to ad equacy）的讨论，是哲学上的，也是理论性的。"在他看来，"也许阶段6所具有的心理学实证意味较小，它更多的是为道德发展的方向作具体说明，其中，我们的理论声称，伦理道德的发展是不断前进的。"由此我们认为，无论是对于孟子还是科尔伯格，道德的最高阶段都只是一种理想，是对于人类道德发展的一种期望和引导。就此而言，道德成熟论的三个层次是能够成立的。

  第三，道德成熟论的三个层次之间有着怎样的内在关联？我们说，相比于道德发展论的四个基本特征而言，孟子并没有对道德成熟的各个层次加以明确规定，无论处于何种阶段，人们似乎都只有一个共同任务，即培养德行或者为德行的实现提供支撑。因此，通常所认为的不同阶段实际上更像是同一过程的不同维度。而且，这种结构在理论上并不具有不可逆性，人既可以从"禽兽"上升为君子，也可能从君子堕落为"禽兽"。上升的路和下降的路乃是同一条路。但从另一个角度我们也可以说，道德成熟论的意旨或许并不是对道德认知进行的阶段划分，而是对道德境界进行高下分判。因为，对孟子而言，道德成熟的关键不在于"知"，而在于"行"。孟子力倡"去利怀义""舍生取义"

的原因不在于前者不重要,而是为了表明,正是在这种极端的道德困境中,选择才彰显出境界,人禽方由此而判分,故不得不慎重。同样,在知行关系的问题上,科尔伯格通过大量实证发现,道德认知与道德实践之间常常呈现出正相关性。但二者之间并非必然一致,知善也并不必然导致行善。在知行之间,道德判断起到了关键作用。"我们认为,道德判断所提供的两种心理功能乃是道德行动的必要条件。第一种是道义决策功能,即对什么是正当的判断;第二种是善始善终功能,即按照一个人判断为正当的来行动的责任判断。"总之,在孟子那里,道德成熟论的各个层次之间虽然可逆,但正是这种可逆性才成为评判道德境界高下的试金石。《孟子》一书之所以能对中国古代士人的高洁品行产生如此大的影响,部分原因正在于此。因此,从道德境界的意义上来说,道德成熟论仍具有层级之分,层级越高,境界就越高,道德也就越成熟。从自然道德到自律道德再到自由道德,道德境界便体现为后者对前者的整合与超越。只不过,在科尔伯格那里,道德结构的层级整合属于智性范畴,它以逻辑运算和认知推理为基础和依据;而在孟子这里,道德层级的整合属于境界范畴,它以道德德行的完善和超越为旨归。

孟子和科尔伯格之间的这场"对话"为我们重新审视儒家的道德理论提供了良好的契机。孟子的"性善论"虽然无法得到现代心理学的证实,但并非毫无意义。人性善的总体设定依然可以作为一种伦理理想而在人类的道德实践中发挥范导作用。道德成熟论虽然不同于道德发展论,但二者之间的对话却为我们揭示了道德成长的两个重要维度:情感和理性。在道德实践中,情感体验与理性整合之间也并非彼此排斥,而是相互交融,并在实际上构成道德发展的必要条件。与此同时,二者之间这种想象性对话也为我们反思当代的道德教育提供了一些重要借鉴。

首先,无论在何种社会,心智的成熟乃是个体道德进步的必要前提。自律是道德的前提,但自律不可能仅仅通过意识形态的教化便得以形成。相反,它是一个积极建构的过程,涉及孟子所说的对于共同道德准则的自觉和反思,或者如科尔伯格所表明的,涉及通过学习和经验来发展一个人的道德判断和认知。其次,道德教育必须注重建构良好的集体和社会环境。由于个体的道德认同是通过与他人的相互交往而得以确立,因此,环境对于个体道德的发展具有至关重要的作用。在孟子看来,恶的产生往往与不良环境对善的遮蔽有关;科尔伯格虽然并不认为外在环境能对儿童的道德发展产生决定性的影响,但他也相信,在公正的团体生活中,一个人能够更有效地培养起言行一致、知行合一的道德品质。最后,现时代的道德创新应当以一种更为开放的心态和视野来容纳古今中外的思想资源。我们说,道德创新是一个关涉民族命运的重大课题,而这种创新对于转型时期的中国而言,又有着格外重要的实践意义。孟子的道德成熟论虽然构成了道德中国的历史底色，但科尔伯格的道德发展论以实验心理学为基础，又指示着道德进步的时代特征。在此背景下，如何有效地吸收和借鉴古今中外的优秀道德资源以推动中国伦理的时代创新，便成为历史赋予我们的重要使命。

"道德教育"强调教育的道德内容，"道德的教育"强调教育的道德本性，二者既有联系又有区别。在现实生活中，由于人们受到动机论和效果论道德评价模式的影响，没有把道德教育看作一个完整的过程，忽视了道德教育的手段和方式，把"道德教育"简单地等同于"道德的教育"，结果使得"道德教育"往往变成了"不道德的教育"。为了杜绝这种现象的发生，"道德教育"必须自觉地走向"道德的教育"，克服道德教育中的不道德性。

在现代社会里，由于各种不道德现象频繁地冲击道德的底线，拷问人们的道德良知，因此人们都希望重树道德的权威，塑造道德的人格，促进社会风气的好转。正是在这种道德愿望的感召之下，道德教育越来越受重视。不过，在笔者看来，当人们热衷于道德教育的时候，却没有认真地思考道德教育的道德性问题，也即"道德教育"是否就是"道德的教育"的问题，结果道德教育往往事与愿违，无法取得预期的效果。

四、"道德教育"与"道德的教育"地区分

在现实生活中，人们似乎很少注意"道德教育"与"道德的教育"之间的区别，也不会对二者加以严格区分，而是理所当然地认为，"道德教育"就必然是"道德的教育"，即使是那些专门从事道德教育的工作者和研究者也不例外。虽然从本质要求上，"道德教育"确实应该是"道德的教育"，但是实际上，二者之间还是存在着巨大的差别，"道德教育"不等于"道德的教育"，更不必然是"道德的教育"。

道德教育具有广义和狭义之分。广义的道德教育，泛指一切能够对人们的道德观念和道德行为产生教育意义或影响的社会实践活动。像家庭、学校和社会所开展的各种道德教育活动、社会公益活动等，由于都会对人们的思想观念和行为产生道德上的影响，所以都可以被纳入到道德教育的范围中来。如赫尔巴特说过："我们可以将教育唯一的任务和全部的任务概括为这样一个概念："道德"。"道德，普遍地被认为是人类的最高目标，因此也是教育的最高目标。谁否认了这一点，谁肯定并不真正知道何为道德，至少他在这里没有发言权。"在这里，赫尔巴特实际上就强调了所有的学校教育活动都必须对受教育者发挥道德方面的影响，都必须为提高受教育者的道德水平服务，从而将所有的教育活动都看作一种广义的道德教育活动。不过在现实生活中，人们通常是在狭义上来使用道德教育概念。道德教育通常是被看作学校所开展的，以提升学生道德水平为目标的

一种系统的教育活动。这种学校教育活动具有强烈的道德相关性，其所期待的目标、其所传授的内容都与道德直接相关。

按照学者们的解释，"道德教育是指依据一定的目的，在遵循教育规律的基础上，对人们进行的有组织有目的地施加系统道德影响的道德活动"。由此可见，"道德教育"之所以成其为"道德教育"，主要在于两个方面。第一，"依据一定的目的"。这个"目的"是一种道德的目的，它包含了培养道德人格、塑造内在道德品质、形成外在道德风尚等诸多方面，而其核心则在于道德人格的养成，所以罗国杰说，"道德教育过程，应当与人们道德人格的形成和完善过程相一致"。第二，"施加系统道德影响的道德活动"。"影响"主要包括知、情、意、行等各个方面，这些影响的产生都需要依赖于系统的教育活动。因此，学校通过课堂讲授、课外实践等各种形式的道德教育活动，对受教育者施加系统的道德影响，提高他们的道德认识、陶冶他们的道德情操、锤炼他们的道德意志、帮助他们确立道德信念、促使他们付诸道德行动、最终帮助他们养成道德习惯。从这里我们可以看出，"施加道德影响的道德活动"是服务于道德人格培养这样一个特殊的"目的"的，也就是说，前者是服务于后者的手段，前者受后者支配，而后者依赖于前者来实现。简言之，道德教育就是一种以塑造道德人格为目标、以道德作为教育内容的教育活动。本节中的"道德教育"主要在狭义上使用。

"道德的教育"与"道德教育"从构词上看，就在于有"的"与无"的"的区别，因此，为了弄清"道德的教育"与"道德教育"的差别到底在哪里，有必要先弄清这个"的"的含义。按照《汉语大字典》的解释，"的"具有多重含义，而与这里比较接近的应该有以下两种解释：第一，"用在定语后，表示修饰关系。如：铁的纪律；新的生活"；第二，"表示领属关系。如我的母亲；无产阶级的政党"。在第一种含义中，"的"之前的字词用来形容"的"之后的字词所指代事物的属性或特点，在这个结构中，其重心在"的"之后的词上。如生活可以有不同的样式，既有新的生活，也有旧的生活；既有好的生活，也有坏的生活，但不管如何，它们都属于生活的范围，只不过他们在性质上有所差异而已。在第二种含义中，词语结构的重心在"的"之前的字词上，后者构成了前者所有关系结构中的一种关系，如我拥有各种各样的关系：爸爸、妈妈、爷爷、奶奶、外公、外婆、老师、学生等，但这些关系都是属于"我的"，都围绕我而展开。如果从领属关系的意义上来理解"道德的教育"，与它相应的就有数学的教育、物理的教育、化学的教育等，因此，"道德的教育"实际上就是"道德教育"。从语言简洁性的角度来看，这种用词方式就显得过于啰唆，因此，在现实生活中，人们在表示此含义的时候都会用"道德教育"而不用"道德的教育"。既然"道德的教育"中的"的"不是在第二种意义上使用的，那么它只能是在第一种意义上使用。也就是说，在"道德的教育"一词中，"道德"是被用来修饰、形容"教育"的，"道德"表示"教育"的一种特点或属性，也就是这个"教育"是"道德的""教育"，而不是"不道德的""教育"，因此，与"道德的教育"相对的不再是数学的教育、物理的教育等，而是"不道德的教育"。

"道德教育"与"道德的教育"之间存在着严格的区别：前者强调的是教育的目的和内容；后者强调的是教育的特征和属性。目的、内容与特征属性之间当然会存在着一致性，但是这种一致性是就应然性而言的，目的和内容的高尚性、道德性决定了道德教育活动本身也应该是高尚的、道德的，然而，应然性并不能简单地等同于现实性，实现从应然到现实的跨越还有一段漫长的道路要走，在行走过程中就有可能会偏离目标，从而使得特征和属性发生变化。然而在现实中，人们似乎不愿意做此分析，而是简单化地认为，道德教育就必然是道德的教育，忽视了道德教育变成不道德的教育的可能性，对于道德教育中不道德现象的发生疏于防范，从而不能有效地防止"道德教育"变成"不道德的教育"。

五、"道德教育"与"道德的教育"的混同

人们之所以把"道德教育"混同于"道德的教育"，或者说，人们之所以认为"道德教育"就必然是"道德的教育"，虽然二者之间字面上的相近性是其中的一个重要原因，但是更为重要的还是与人们心目中所崇奉的伦理道德观念有关。

在人类历史上，对于行为的道德评价方式主要有两种：一是动机论，认为衡量一个行为的道德性质及其价值主要依据行为的动机；一是效果论，认为应当从效果而非动机出发来衡量行为的道德价值。在马克思主义看来，动机论与效果论都只抓住了行为的某一极，因而都是片面的，为了正确地衡量一个行为的道德价值，就必须坚持动机与效果的辩证统一，"唯心论者是强调动机否认效果的，机械唯物论是强调效果否认动机的，我们和这两者相反，我们是辩证唯物主义的动机和效果的统一论者"。这里的"辩证统一"不仅是指我们既要考察行为动机，又要考察行为的实际效果，而是指我们要把行为作为一个包含动机与效果的整体，我们要从动机到效果的完整过程出发对行为做出道德评价。虽然中国哲学比较推崇中庸，希望凡事不要走极端，能够在两个极端之间找到合适的中点，从而实现两极之间的有效融合，然而在现实中，中国人往往会偏离中庸之道，无所不用其极。譬如在中国历史上，以"四书五经"为代表的经典伦理主要是推崇动机论，而这在社会精英阶层当中被遵循；以《增广贤文》等通俗读物为代表的世俗伦理则推崇效果论，这为普通民众所广泛遵循。虽然当前中国已经实现了从传统到现代的转换，

指导思想也由儒学变成了马克思主义，但是中国人的道德心理并未从深厚的历史传统中摆脱出来，中国人仍然习惯于用动机论或效果论来对行为进行道德评价。

正如前文所言，行为展开为一个完整的过程，动机与效果不过是一个完整行为过程的两个端点而已，而这两个端点之间还包含着行为的手段、行为的方式等诸多方面的内容，而正是这些内容才将动机与效果有机地结合起来，使动机不至于成为纯粹的思想观念，而是展现为现实，产生出实际的社会效果。然而执着于动机论或效果论，都忽视了这样一个重要的中间环节。动机论并不讲究行为手段和行为方式，认为它们是服务于效果的，而实际效果对于动机论来说并不重要，因为坚持"只有出于责任的行为才具有道德价值""一个出于责任的行为，其道德价值不取决于它所要实现的意图，而取决于它所被规定的准则。从而，它不依赖于行为对象的实现"。效果论则重视目的的实现，为了实现目的就会不择手段，因此只要能够实现目的，什么手段都可以使用，"效果论过分强调了善的后果的重要性，因此隐含着这样的可能，即任何行为，不论怎样不道德，只要能带来最好的后果，就可证明其合理性"。正是因为中国人长期游走于动机论和效果论的两极，忽视了从行为的整体出发来对行为进行道德评价，从而导致中国人对行为手段和行为方式没有给予足够的重视，有时为了实现动机和达到目的会不择手段，因为在中国人看来，行为手段和行为方式本身是中性的，不具有道德性，其道德性依赖于动机或效果。

中国人这样一种伦理道德观念，不仅体现在日常行为的道德评价上，同样也在道德教育当中得到了反映，那就是把"道德教育"直接等同于"道德的教育"。对于所有教师来说，教书育人既是一项职业，也是一项事业，因此每个人都抱着善意的目的来从事教育工作，都希望自己的学生能够成才成人，因此，从动机上来说，"道德教育"就是"道德的教育"。成人这个目标由于其模糊性，在当今中国的教育中并不为人所重视，人们更多的是把成人等同于成才，认为一个学生成才就是成人了，而成才的标志就是学好课本知识，考上理想的大学，找到理想的工作。在这样一种成才观念的指引下，教师们拼命追求成才的效果，道德教育就变成了知识教育，教师们要想方设法、不择手段地去提高学生应付考试、获取高分的能力，只要学生成才了，"道德教育"自然就是"道德的教育"。实际上，在这两种道德观念指导下，道德教育实际上都存在着沦为不道德教育的危险。在这两种观念指导下，教师们只关注了道德教育的起点和终点，没有充分考虑教育手段和教育方式的道德性，从而在道德教育过程中，为了追求所谓的良好目的，采取了一些非道德甚至是反道德的教育手段和方式。譬如，在传统道德教育中，由于道德教育被混同于知识教育，因而教师们普遍采用的都是灌输式或独白式的道德教育方式。

在传统独白式的道德教育中，教师们不仅采取了苛责、鞭打、罚站等不道德的体罚手段，而且独白式道德教育本身就是对于学生的一种压迫与奴役，它本身就是建立在师生严重不平等的基础之上的，因为在此过程中，教师与学生之间是绝对的主客体对立关系，"教师在学生面前是以必要的对立面出现的。教师认为学生的无知是绝对的。教师以此来证实自身存在的合理性。类似于黑格尔辩证法中被异化了的奴隶那样的学生，他们接受自己是无知的说法，以证明教师存在的合理性。——但与黑格尔辩证法中的那位奴隶不同，他们绝不会发现他们同时也在教育教师"。也正是缘此之故，保罗·弗莱雷把独白式教育模式称为"压迫者教育学"，可见这种教育模式与现代社会的道德要求背道而驰。

由于道德教育工作者对于这种危险缺乏清醒的认识，所以这种危险在现实中真实地上演。在现实教学过程中，有些教师全然不顾学生和社会的实际情况，只管以纯洁高远的道德理想来教育学生，从而使道德教育沦为虚伪的说教，让学生感到道德教育与现实背道而驰，道德教育不过是睁着眼睛说瞎话；有些教师却为了所谓的教育效果——高分与升学率，在教学过程中采用高压政策，甚至动用罚抄作业、罚站等变相体罚等不道德的方式和手段，逼迫学生死记硬背道德知识，从而让学生感受不到道德教育的道德性。因而，"道德教育"与"道德的教育"混同的结果，并不是"道德教育"变成了"道德的教育"，而是"道德的教育"被"道德教育"所取代，而"道德教育"又恰恰变成了"不道德的教育"。

六、"道德教育"走向"道德的教育"

"道德教育"是一种教育活动，而"道德的教育"是对教育活动的定性。如果从本性上说，所有学校的教育活动都应该具有道德的性质，而这对于道德教育尤其重要，最理想的"道德教育"就应该是一种"道德的教育"，"道德的教育"应该是"道德教育"的本性要求。因为道德教育不是一种知识的教育，在知识教育过程中，教师是以一种超然物外的姿态来讲授客观知识。也就是说，学生不会将教师所讲授的知识和教师本人联系起来，不会用教师所讲授的知识来对教师本人提出要求，因为在此过程中，教师与学生都是以理性的态度来共同面对科学上的"是"而非道德上的"应该"，他们都不会对对方提出道德上的要求。道德教育与知识教育不同，道德教育不仅教会学生是什么、为什么，更要教会学生应该做什么、应该怎么做，因此道德教育不仅是讲理的，而且它所讲之理最终要用来指导行动，要在行动中得到落实。这也就是说，教师在对学生进行道德教育的时候，实际上，教师不仅是在讲授客观的知识，而且也是在为学生颁布行为的法则，教师所传授的道德知识就是学生在现实生活中应该遵循的道德法则。

既然道德教育不仅是一种知识传授，同时也是对学生提出一种行为要求，那么教师的所作所为就必然会对学生产生至关重要的影响。如果教师仅仅对学生提出种种道德要求，而自己又在教学中公然违背这些道德要求，那么只会增强学生对于道德虚伪性的感受，认为道德是强者对于弱者的要求，而强者是不用遵守道德的，由于每个人都趋向成为强者，所以道德可以被弃之不顾。相反，如果教师在教学过程中以身作则，用自己的实际行动来践行自己所传授的道德内容，按照道德法则的要求来开展道德教育，真正把"道德教育"变成"道德的教育"，那么，这个教师就有亲和性，这个道德教育就有感召力，学生才真正会"亲其师"而"信其道"。像孔子作为教育家，之所以追随者甚众，而且培养出了大量志行高洁之士，就是因为他在开展仁义教育过程中以身作则，严格要求自己，做到了"学而不厌，诲人不倦"，赢得了学生的尊重和爱戴，从而为学生树立了一个学习效仿的榜样。既然"道德教育"的道德性对于提升道德教育的实效性、对于把学生培养为道德之人具有高度的重要性，那么，"道德教育"就应该走向"道德的教育"。为了加速"道德教育"走向"道德的教育"，就必须对道德教育进行调整。

第一，纠正"道德教育"就是"道德的教育"的错误看法，主动寻找二者产生偏离的根源。"道德教育"从本性上说，确实应该是"道德的教育"，这也就是说，"道德的教育"不过是"道德教育"的应然状态。然而问题在于，应然状态是一种理想的状态，是一种追求的目标，但它并不是"道德教育"的实然状态。在现实中，"道德教育"既有合于应然要求而成为"道德的教育"的情况，但是也不排除存在"道德教育"偏离应然要求而成为"不道德的教育"的状况。像在日常道德教育过程中，就不仅大量存在教师不尊重学生的情况，就连责骂、罚站、罚抄等变相体罚学生的情况也是屡见不鲜，可见，在状态之中，"道德教育"与"道德的教育"还存在巨大的鸿沟，没有达到真正的统一。只有所有从事道德教育的工作者意识到了二者之间的差别，我们才能有意识地去寻找二者之间产生偏离的根源，才能杜绝这种偏离的滋生蔓延，促进二者走向统一。

第二，抛弃只重动机或效果的两极化道德评价模式，注重道德教育过程的完整评价。对于一个行为来说，动机与效果虽然对于行为的性质具有至关重要的影响作用，但是它绝不具有绝对的决定性。因为，动机与效果不过是行为的两极，它在一个漫长的行为过程中，只不过是其中极小的组成部分。所以，它们无法完全决定行为的道德性质，为了对一个行为进行道德评价，那么我们就必须考察行为的完整过程。在评价道德教育过程中，不仅要关注道德教育的动机和道德教育的效果，同样要关注道德教育的手段和方式，否则我们就无法保证"道德教育"是真正的"道德的教育"。这也就意味着，我们对于道德教育要采取动态的道德评价机制，对于道德教育进行道德评估的时候，就不仅要审查教育者的动机和受教育者的实际后果，更要审查道德教育工作者在道德教育各个阶段所采取的教育手段和教育方式，从而防止道德教育各个阶段和各个环节偏离"道德的教育"的本性要求。作为道德教育工作者，则严格按照这种道德评价的要求，完善整个道德教育过程，以免出现不道德的教育手段和方式。

第三，在关注道德教育过程道德性的同时，促进道德教育环境的道德化。道德教育不是在真空中完成的，道德教育必然处于各种具体的社会环境之中，而道德教育的实效性也就会受到这些具体社会环境的影响。像荀子说，"蓬生麻中，不扶而直；白沙在涅，与之俱黑。兰槐之根是为芷，其渐之滫，君子不近，庶人不服，其质非不美也，所渐者然也。故君子居必择乡，游必就士，所以防邪僻而近中正也"，就是强调环境对于道德教育的重要影响作用。实际上环境不仅影响道德教育的效果，而且也会影响道德教育活动本身。一个长期生活于具有高尚道德氛围中的教育工作者，那么他也会采取更加道德的方式和手段来开展道德教育，而那些生活于暴力和专制横行环境中的教育工作者也会受到影响，难免会采取一些暴力的手段和专制的教育方式。正是有见于这一点，杜威强调，道德的教育的出发点和归宿不是受教育者而是环境，构建一个道德的学校教育环境乃是道德教育的重点；内尔·诺丁斯则强调，完美的道德教育并非道德教育这门课程本身，而是学校内部所有的教育活动、所有的人和事都是道德的，因为只有在这样的环境中，人们才能感受到道德的温暖和力量，人们才会自觉自愿地去做一个道德的人，道德教育才能真正发挥润物无声的效果。

反观现实，我们的"道德教育"离"道德的教育"还有比较长的距离，还远远没有达到变成"道德的教育"的要求，为了缩短二者之间的距离，促使"道德教育"变成"道德的教育"，从而提高道德教育的感召力和实效性，我们还需要付出艰辛的努力。虽然沿途充满荆棘，但是只要我们坚持不懈，终点就必然能够到达。

第五章 人文素质教育的价值与功能

人文素质教育的重要作用，源自对其教育对象未来角色作用的预知把握，更受制于社会经济、政治、文化发展对人才的需求期待。人文素质的社会期望值通常与其所受的教育程度成正比关系；而作为高等教育的着力点之一，好的人文素质培养，在社会模型塑造中有着深层的建构意义。对个体，它是长大成人、明辨是非和推陈出新的前提；对社会，具有链接个体与社会、孵化素养为能力、在思想和知识之间培育文化自觉意识诸方面的功能。因此，明确人文素质教育的地位，探究人文素质教育的价值，发现人文素质教育的功能，便是在开展人文素质教育之前必须清楚明了的理论前提。

第一节 人文素质教育的个体价值

从根本上来说，人文素质教育和人的尊严确立有关，它是人类在安身立命过程中对自身价值的发现和肯定，在以艺术修养、人格气质和文化行为形态表现的面貌中呈现出来。因此，从教育的角度来说，人文素质教育区别于单纯知识性和技能性教育，在完成塑造人格方面，具有直接为教育目服务的性质。在人文素质教育的推广中，目前更多的是以通识教育的方式进行，使得人文素质和通识教育之间具有通约性。在这一点上，东西方是比较耦合的。中国自古以来，以儒家文化思想为核心的人的教育就极其重视通识教育或说人文素质教育，其教育目的是为社会培育大量的官员后备军，为国家意识形态服务。而强调学生的人文素质，不仅是中国传统教育的核心内容，也是西方特别是美国教育的核心内容。著名的哈钦斯理念便是美国现代大学在历史转轨期形成的，这一理念现在已经成为经典，并贯穿在美国各个大学之中。二战期间哈佛大学校长科南指出："无论在信息时代可以获取多少信息，无论在技术时代发展多少专业技术，无论数学、物理、生物科学如何发达，无论可以掌握多少外国语言，所有这些都加起来仍然不足以提供一个真正充分的教育基础。因为所有这些都加在一起仍然没有触及最基本的问题：什么是'我们（美国）的文化模式'，或什么是'传统形成的智慧'。"科南提出："现代通识教育的核心问题是继承西方古典的人文教育传统，关注的是'如果我们的文明要保存'而必须考虑的最基本问题。"从这里可以清晰地看到,美国的通识教育实际上是为"美国意识"服务的,它的目的就是要打造以"美国文化"为核心的课程体系,自觉地承担为美国现代社会奠定共同文化基础的责任。因此,从西方现代大学的建立看,人文素质教育的地位非常重要,它直接与教育目的联系在一起。

从历史的角度来说,人文精神主要源于西方文艺复兴时代,它和人文学科密切相关,文艺复兴时期的人文精神实际上是反对神学的一统天下;从教育的角度说,人文教育随着资本主义的发展有逐渐式微的轨迹,特别是随着职业化教育,人文精神逐渐被边缘化,资本的大肆横行,拜金主义和商业利益的无处不在,使得西方也面临着人文精神的沦落。随着现代化进程在我国的推进,当前人文教育的提出一方面是基于职业化教育对人文精神的淡漠,另一方面是社会道德转型,特别是资本人格对人文精神的挑战引起的,这是人文素质教育引起思索的主要原因。所以从地位角度说,人文素质教育与国家政治的关系密不可分。

其实,人文素质教育具有一种社会基础建构的意义,它更多的还是倾向于社会人的基本素质的培养。因为人文素质教育与国家人才培养目标之间是十分关联的:人文素质教育与国家教育方针的指向是一致的;人文素质教育与国家人才需求预期是契合的;人文素质教育对建设和谐社会的作用是积极正面的。这几个方面关系的妥善处理,是相关人文素质教育的教育者在特定时代语境中必须注意的。因为从来就没有脱离开特定时代语境的人文素质教育,同样,反过来说,任何一个时代的主流意识形态,也必然要求其人文素质教育与其意识形态相协调,这是思考这一问题时的前提即时代语境要求。简单地说,人文素质教育离不开历史实践的具体面貌,从来没有抽象的人文素质教育,它与国家意识形态之间有着密不可分的关系,从而成为国家教育方针的一个重要构成方面,体现着国家意志。对国家意识形态建设来说,人文素质教育具有基础性的建构意义。

总而言之,人文素质教育的地位不仅是在学术和文化上看很重要,而且从政治角度来认识也非常重要,它直接关系到国家和民族精神的建构问题。当然,与国家意识形态密切相关的人文素质教育还必须最终落实在个体层面上,回答人文素质教育的个体价值问题。

一、成人的要素

马克思在《共产党宣言》中提出了未来社会建构"完整的人"的观点,他阐释出作为人类的理想,自我建构的完整性是成人的目标之一。其实人文素质教育的目标亦在于此。从中国传统文化来看,也重视人的全面发展和完善。儒家士人的塑造,早在孔子那里，便以"君子"人格为核心来构建全面发展的人，特别是其中的"六艺"，实际上便与今天所说的"素质"教育内容有异曲同工之妙。

在中华民族几千年来的文化积淀中，儒家倡导的人格理想极具人文要素，这集中体现在儒家士人人格的塑造上。翻开《论语》，随处可以见到这样的箴言隽语："君子食无求饱，居无求安，敏于事而慎于言，就有道而正焉，好学也已。""君子喻于义，小人喻于利。""君子欲讷于言，而敏于行。""君子坦荡荡，小人长戚戚。""士不可以不弘毅，任重而道远。""君子成人之美，不成人之恶；小人反是。""君子忧道不忧贫。""不知命，无以为君子也；不知礼，无以立也；不知言，无以知人也。"在这些言论中，孔子实际上提出了儒家士人"成人"教育的内容。儒家士人人格的塑造，是孔子儒学建国思想的重要部分。作为国家管理的主体，对"君子"人格的要求是《论语》一书中的主要内容，"为人之道"与"为政之道""为学之道"共同构成了"论语三义"。其中，"为人之道"关乎主体人格的培养，是其他二义的承担者，具有更重要的作用。用今天的话来说，《论语》是一部关乎治国的书，它给出了书里面治国的主体"士人"君子该如何塑造自己的内容、方法和相关要求。而这些要求中，除了具体的策略外，大部分都是一种人文素质的内容，比如"仁"、比如"礼"、比如"诚"，这些范畴要求的都不是一般的技巧和技能，而是深层的人心塑造。由此可见，中国持续两千多年的儒家文化，就是典型的人文素质教育，这种教育的内容，是和"成人教育"相关的。

儒家文化的末期，面临诸多的挑战，当西方外域文明侵入中华大地的时候，这种思想还是一以贯之的。1902年，清政府颁布了《钦定京师大学堂章程》，其中有"端正趋向，造就通才为全学之纲领"的规定，1906年，又在此基础上具体提出了"忠君、尊孔、尚公、尚武、尚实"等五项高等教育的宗旨。在这些要求背后，实际上还是对人的塑造要求，就是塑造那种"上足爱国，下足立身"的人才。民国初立，蔡元培先生主持的教育宗旨中提出"注重道德教育，以实利教育、军国民教育辅之，更以美感教育完成其道德。"

可以说，截至此前的教育方针中，通识教育或曰素质教育的目标，大体上都是指向成人教育的目的。

在一些人反思的过程中，曾把人文素质教育缺乏的原因归咎于新中国成立以后专业的越来越细化和现代化进程中人类的工具化。从教育内容安排的角度来看，应当说这种判断是有道理的，但是仍不全面。因为教育内容是和教育方针密切相关的。新中国成立后，我国的教育方针长期都是"培养劳动大军"，"培养社会主义接班人"，这样的教育方针与实际规定好的教育目的就基本决定了它的教育内容。但由于实践中的偏差，使得在造就了一大批优秀劳动者和可靠接班人的同时，也出现了一种似乎不需要独立思考、不顾及自我的人的发展偏向。从某种意义上说，这种教育实践培养的不是独立的人，而是模型格式化的人。改革开放以后，随着经济禁锢的打破、政治环境的宽松，自由和自我意识被唤醒，人们开始思考真正的"成人"教育。但教育的发展需要有很长时期的积累，而经济的触手并不会放弃教育这一块肥地。随着教育产业化的呼声高涨以及高校扩招的实施，大学本科教育实际上已经变成了普及化教育。在这个过程中形成的高等教育和就业的挂钩关系，使得一些学校为了适应教育目的的功利性要求，在成人教育方面就越来越单一和贫乏，专门化和技术化倾向越来越突出。20世纪末开始，中国社会道德和素养的现状、世界性的人文浪潮，重新触动素质教育问题，成人教育回归教育研讨的前沿。这说明，在国家总体教育目的的设计上，"成人"始终是不可或缺的要素；教育的目的首先是为人的，而不是把人塑造成技术的或者狭隘政治的工具。诚如爱因斯坦所说："用专业知识教育人是不够的。通过专业教育，他可以成为一种有用的机器，但是不能成为一个和谐发展的人。"

"成人"教育之所以重要，是因为它和一个人完整的人格形成攸关。朱自清说："教育有改善人心的使命。"他认为，如果学校太"重视学业，忽略了做人"，"学校"就成了"学店"，教育就成了"跛的教育"，而"跛的教育是不能远行的"。所以，"教育者须先有健全的人格，而且对于教育，须有坚贞的信仰，如宗教信徒一般"。冯友兰在忆述清华时也说："一九二八年后清华还提倡所谓'通才教育'，这在当时也有一定的影响。当时的想法是，大学，特别是其中的文法科，首先要把学生培养成全面发展的'人'，其次才是成为某一方面的专家。实现'通才教育'的具体措施是，着重所谓公共必修课，主要的是文学、语言的训练和历史及一般文化的知识。在文学院，第一学年的课程，各系都是一样。到第二年才逐渐分系。到第三、第四年，各系的课程才完全分开。这对于学生的所谓'基本功'的训练，有一定的好处。"在这个回忆中，也看到了历史上对人文素质教育的关注。有识之士早已看到了它与"成人"教育之间密不可分的关联性。

二、明辨的前提

明辨是"成人"的理性要求，符合当代的时代特点。但是随着时代的变化，明辨的内容也在变化。在中国传统文化中，明辨是非是和封建的伦理道德相关的；而在西方，明辨和资本主义文明密不可分。不同的语境会造成人们判断事物、明辨是非的不同标准。而在当代中国正走向宏大的历史拐点之时，确立明辨能力的重要性及其在人文素质教育中的重要地位，就非常必要和及时。因为时代飞速发展而造成的判断标准的模糊和变动，对于人的明辨能力是一个痛苦的折磨，每一种价值观都来表演，每一种价值观都有拥趸，哪些是恒久的珍珠？哪些是炫目的水滴？又有哪些是虚幻的影子？这是个问题。

为什么"成人"教育中需要人文素质元素呢？可以从清华大学刘海洋"伤熊"事件进行分析。2002年2月23日，清华大学学生刘海洋以"为了测试熊的嗅觉"而将硫酸泼向北京动物园的5只熊，随即被西城区公安分局拘留。这件事发生之后，引起了各方面的反响。清华大学学生会的反应是："清华学生会向动物园捐款11127.74元，并发出公开信——'对于身边的同学做出这样影响恶劣、后果严重的事情，我们更感到十分气愤。这名同学的所作所为，完全背离了我们清华大学广大学生培养高尚道德、保护自然的共识和实践。我们坚决支持有关部门和学校对这名同学依法做出严肃处理。'"事后有评价说这种反应简单地把刘海洋归到另类，而缺乏真正的关怀。

面对媒体的采访，刘海洋的母亲说："刘海洋的大学同学刚刚从我这里离开，他们力劝我不要再见任何记者。我在一个星期之内，学会了无数专业术语，比如单亲家庭带来的偏差、忽略情感教育等——这都是各个媒体教给我的。自从孩子出事，我不断地在接待记者，三四个小时地录制电视，每晚闹腾到一两点钟。刘海洋的事情对谁都是一次机会，谁都不想错过。"

事实上，各种舆论对刘海洋行为的解释成为一个难题：诸如"这是一个小学生都知道不能做的事……如果说好奇心强，怎么不找只小白鼠？"；"电脑死机，23日刘海洋的大脑被什么病毒搞了一下？"；北京安定医院的著名精神分析专家杨蕴萍则判断"这是一次攻击性的侵犯行为，选择的则是一个安全的对象——关在笼子里的熊。作为一个被束缚压抑的个体，往往会选择极端的方式反叛"；心理测试专家武伯欣认为："刘海洋生活在一个残缺家庭，客观上使得他更加关注像小动物这样文弱的事物，关注疼痛，这是他母性家庭背景的动机外显。他的伤熊行为是积极主动的，他的意识清醒，心理指向也较清晰，但是他的动机，明显的属于游乐性动机，可能是好奇越轨"；而刘海洋曾就读的中关村中学一位老师说出了更重要的话，"大家都在想——我们的教育失去了什么？"

从记者调查中可以看到，刘海洋的单亲家庭和中学时的应试教育对他的综合能力和人格塑造没有积极的影响，刘海洋的辅导员对刘并没有特别的印象，他觉得刘自觉性强，让人放心。"我们做学生工作，主要是'抓两头、促中间'，对天才学生和学习后进者关注得比较多，对生活特别困难和情绪不稳定者付出的精力多。但我们一直都认为刘海洋属于中间，属于正常的大多数。"

曹海翔说，"如果说过失的话，我们对于生活、学习等显性的问题关注很高，对内心隐秘的危机察觉不够，平时倾心的交流还是少了。但交流又是双方面的，而我们又都太忙……"刘海洋的同学认为他们的生活都差不多，快乐不快乐很难说清，清华的学生都这么过。记者在清华时，史超华曾指着一位走过的同学说，"他是我们班学习前几名，但一年不说几句话。到我们宿舍来借电话卡从来不正大光明地讲，总是把人拉到一边悄悄地问。你说这正常吗？你说刘海洋生活单调，我们宿舍有个哥们，一学期出不了几次清华大门，他不单调？我敢说，在学校里比刘海洋不正常的太多了。"在当时，清华大学教育研究所教授樊富珉与北京航空航天大学副教授王建中认为在大学中"有心理困扰症状的就非常多了，这些比例在所有大学都差不多。"除了心理健康外，"刘海洋"直接引发的另一个关注点则是学生的道德与人文素质教育。清华大学已经拥有十个学院，横跨理、工、文史、经管、法律、医学、艺术，在高等教育的12个门类中，除了农业和军事，该有的都有了，但培养通识人才却非院系扩张那样可以立竿见影。当时，据记者采访，清华人文学院的董士伟老师最近刚刚处理完一起研究生打架纠纷，"实际上是小事，就是因为宿舍关灯问题，因为生活习惯不同最后竟然动起手了，闹到要换宿舍的地步。清华校领导一直很重视全面的素质教育，但很多最基本的情感教育，都要大学来完成。"一位教道德课的一线教师告诉记者，在他的课上1/3的学生用三角板画电路图，1/3的背单词，认真听课的很少。"我们的道德教材和教育内容必须改革，比如讲腐败，我的很多学生是农村的，假期回一趟家，人生观就变了。"清华大学素质教育中心去年曾经对学生的人文素质进行过一次调查，"我们出了一些题，问的都是一些基础知识，比如《论语》《淮南子》什么的。"一位参与此项调研的老师说，"结果只能是'说得过去'，但程度很不平均，个别好的摆到文科也不在话下，但差的又非常缺乏常识。"除了马列党史课和道德课外，清华的学生要在4年里修完13个文史哲基础学分，思想文化研究所每个学期要开二三十门课，其中由历史文化和文学两个课组承担。"我并不想让一个学计算机的学生去记住秦始皇的出生年月日，"董士伟希望用更活泼的形式来引起学生的注意力，他把思想史的内容用多媒体演绎，组织学生考察北京四合院，去郊外寻找资源，"我对学生说，考试并不重要，重要的是你来听。很长时期以来，我们教的一直是文史知识，而不是培养人文素质。人文素质并不是会背几首诗知道几个人名，说到底是完善人格，培育社会良心，培育对人类和民族的使命感，它是非功利的。"

  可见，单纯的知识理性教育对于把握人的发展完善这一课题是力不从心的，它更多地把人培养成虽然精准但却没有对准正确目标的机器。问题在于刘海洋本身也是受害者，真正的问题在哪里呢？也许并非他没有判断，而是他的判断出现了偏差，挑战了大众的善良底线甚至是人性的底线，综其原因，在这个事件中，他缺乏起码的明辨能力。

  而好的人文素质教育则极具明辨功能。因为人文素质教育是从人的完整性出发的教育，因此更注重每个人在现实生活中，特别是在群体社会生活中的位置，更加强调"和谐人伦"的功能，它有助于提高人们的认识能力，明辨是非。英国哲学家培根说过："读书使人头脑充实，讨论使人明辨是非，做笔记则能使知识精确。"它强调了人面向现实社会应取的态度，当然在培根那里，这是一种理性主义的态度，带有18世纪理性主义哲学盛行时期人们的价值观。在中国，孟子强调了四端："恻隐之心，仁之端也；羞恶之心，义之端也；辞让之心，礼之端也；是非之心，智之端也。""四端"之说实际上给人树立了基本的底线，能在两千多年里起到教化人心、醇化民风的作用。尽管它并不完全适应今天的需要。

人文素质教育的目的不仅仅是对公德的常识性的认识，从更高的角度说是培养人具有思想的力量。明辨是非，来源于思想的力量。在现实中，人人都有彷徨时，文化的普遍倾向是对人的软弱之处进行"去蔽"或"遮蔽"，对生命的"无奈性"的思考以及由这种思考而来的对这种无奈的"论说"往往面对的都是"非体验"性的反驳。"消极"两个字是最简便的武器，颓废是很容易的命名，殊不知在命名的背后是致命的疏离，他对"生命感"视而不见。那些人类思想史上闪烁的群星，无不是在困境中挣扎的灵魂，他们发出的声音恰恰是对痛苦、无奈、不幸和困惑的挑战，恐惧和对不可知世界的迷惑是促使我们逃离黑暗的真正动力，正如柏拉图那个寓言——实际上，光明是在黑暗中诞生的。所以，应当给软弱、徘徊、犹豫、困惑、孤独、苦闷、恐惧以应有的空间，给懦弱和流泪以相当的宽容；从心理学的角度讲，人类的情感应该是全面的，但是社会则有其主导倾向，因此在人和社会之间就出现了裂隙，这裂隙实际上就是一个空间，对这一空间的态度决定了社会的宽容度，决定了一个时代的气度。当一个时代能够尊重每一个具体的人的情感世界，而不是以道德或其他什么的名义随意地践踏个体的内心生活时，这个时代或这个世界应该是清澈的。这样的世界色彩斑斓，有急风暴雨，也会有鸟语花香，那不应该仅仅是一个童话世界。在学术性的研究领域中，有一种研究应该是带有感情的研究，甚至似乎要与学术性相互拉开一定的距离才好；这种力量将是明辨是非的感性的力量、内在的力量。在学术或知识分子的身份思考中，真正的知识分子不仅仅是突破了专业领域的"权威"这一命名的限制，不仅仅是拥有社会关怀、政治参与的意识，而且还要在国家意识的宏大抱负中，前提性地加上一个重要元素：以一个个人的名义向理想出发，而不仅仅是某种观念的代言人。需要信奉的是：只要思想在，拥有明辨是非的能力，人们就有足够的勇气从柏拉图的黑洞中逃离出来。这是柏拉图的悖论，却是人类的希望。

三、创新的基础

　　创新是引领世界的潮头，但并不是人类幸福的尺度。人文素质教育的目标则是要使得创新能够在"为人类谋求幸福"的尺度内开展。人文素质教育可以从技能上培训创新的基础能力，更要在智慧上使人懂得创新的意义，它可以给人以积极进取的人文精神和文史哲修养，激励人们不断创新。可以说，人文素质教育是激发人们创新的基础。

　　（1）人文素质水平是创新能力的标志，它为创新指明方向。因为人文素质的目的在于人类的幸福，而在自然科学领域，创新则是科学与技术的更新，这种更新必须以人类的幸福为目标。如果没有人文标杆，创新则容易走向褊狭的道路。所以，只有单纯的科学研究是不行的，历史上，发明原子弹的美国科学家奥本海默晚年对此曾有过深深的忏悔，正说明人文素质的终极作用。在人类历史上，正是那些怀有幸福观念的科学家，为了人类的更加幸福而去努力创造，面对神秘的自然和外在世界思考和发明，在他们心中，这样的幸福观念乃是创新的根本动力。

　　（2）依附人文素质的综合能力，是创新的前提。在人文素质基础上产生的综合能力包括合作精神、心理素质、情感力量等，都是创新必不可少的前提。科学的创新，要避免过于冷漠的情怀；不善于合作，也难以有重大的发明创造。当代的科学发展日新月异，仅仅靠个人的力量是远远不够的。协调一个团队，共同完成一个目标，不仅需要知识，还需要集体意识和共同理想，需要情感的关怀和人性的同情、理解，在心理层面，更需要开阔的胸怀。在占有自然知识的前提下，音乐、绘画和文学艺术等都有助于培养科学家的敏感性，把握自然的奥秘。正像爱因斯坦拉小提琴一样，成为创新乐章中美妙的旋律。

　　（3）从国家和民族的角度来说，创新也需要民族情感和共同理想。任何一个人都无法脱离开他生存的土壤，民族情感是千百年来源于血缘的内在积淀，是无法割舍掉的亲情所在，也是人之为人的精神命脉，它会成为强大的创新动力。而爱国情怀和民族情结是人文素质的重要内涵，它天然地成为人文素质教育对创新能力的前提要求和内容。我们所熟知的波兰科学家居里夫人，从青年时代就远离祖国，到法国求学。但是她时刻也没有忘记自己的祖国，以自己祖国命名她发现的化学元素，而这一化学元素也以"钋"这一名字印证了我们关于人文素质教育重要性的主张。

　　（4）在教育的具体层面，创新则需要改变教育模式。李开复在谈到创新时说："需要做些什么才能使创新更大化呢？这又回到教育制度。中国的教育方式非黑即白，只是告诉你：这个事情是一个事实，学会它，背会它。老师的职责仅限于传道解惑。但是你去美国，比如斯坦福大学、CMU（卡耐基梅隆大学）去看看的话，老师的职责不只是传道解惑。当然，传道是基本，但是世界上大部分问题，并不是绝对的真理，不是靠背诵就能理解的，需要你从多方面去看，去理解，然后再学习如何去思考和解决问题，直到无师自通。哪一天，中国教育能够做到这一点，我们就可以期望，中国也许将要诞生一个微软或是谷歌。"这段话说出了今天教育模式存在的问题和为了更好地培养创新能力而应该努力的方向。

（5）在具体个人修养层面，则需要注重：道德素质，这是一个人最基本的素质。严格地说，它应该在儿童时期就要养成，而不能到大学阶段才进行培养，比如"讲究卫生""遵守公共规则""交往的礼节"等就是一个公民社会必备的要素。智力素质，这是求知的能力，从知识的创新角度来说，基本的智力素质是必需的，它是一个人未来探索和研究的必要前提。这一素质包括一个人的智商、逻辑能力、语言表达能力、洞察力和艺术敏感力等。身心素质，即一个人的自然身体状况以及心理水平，在如今这个剧烈变化的时代，心理素质某种意义上甚至成为关键时刻的决定因素。现在在很多大学有一个口号："每天锻炼一小时，努力工作五十年"，这个口号实际上揭示出了身体素质与创造、创新之间的关系，身体是一个1，其他则是后面的0，没有这个1，多少0都是空的。劳动素质，也即实践能力。在创新面前，尤其是技术创新面前，动手操作等实践能力尤为重要，它是一个人独立和健康发展的自然基础，也是创新的前提保障。审美素质，这是决定创新水平高低的一个要素，说到底，创新都是为人服务的，是实现人的理想。所以，一定的审美素质是必需的，它对创新的结果有着情趣高低的意义。这五种素质和国家教育方针是一致的，"德智体美劳"发展全面的人就是教育的目的之所在。当然，在大学阶段，人文素质教育还有一些比较具体而精微的目标。

关于创新的思考，一般来说还要注意：其一，创新不是一个绝对命令。不是什么事情加上创新两个字就具有合法性，以为有了创新就能解决任何问题。比如有些观念、认识和有些人的幸福则是以古朴为追求。这说明人文精神方面的幸福感和物质满足之间不是必然逻辑，而是应然逻辑，它和主体的心态有关。其二，创新不仅仅是技术层面的，它也包括精神领域的探索，特别是和人性密切相关的领域，也存在精神面貌的新体验；但是要特别注意的是这种体验必须和人类的幸福有关，那种以戕害人类幸福为代价的所谓新玩意、新武器、新方式，从严格的意义上说不属于创新的范畴，反而是需要人类去剔除和克服的。其三，创新的手段和技巧与人们的认识水平和实践空间有关。所以，创新的外部语境非常重要，甚至可以说，创新是由其外部的刺激而出现的内部变化。

第二节　人文素质教育的社会价值

　　大学生作为未来社会的主要成员，他们不仅担负着劳动者的名分，而且还担负着文化传承的名分。因为他所受过的高等教育必然使他多了一份文化责任，以及不断提高劳动乐趣的义务。这就是大学生培养教育所具有的社会意义和社会价值。这种社会价值来源于和体现为社会需要。一个社会的稳定发展不仅来自于政治、经济的推动，而且来源于全体成员对这一社会的认同和参与程度。在个体与社会之间，社会成员的素质修养深层次地决定着个人与社会的和谐程度。因此，人文素质的程度水平非常重要，人文素质教育重要的社会意义也不言而喻。

　　从当代知识分子的角色地位来反思，已经由立法者的身份渐渐过渡到阐释者的角色，但是，公共知识分子的命名实际上还在起着时代意识形态建构的功能。在西方，围绕文化传承和价值关怀，一直有关于"知识分子"身份的反思，齐格蒙·鲍曼在他的《立法者和阐释者》一书中的观点值得关注："'知识分子'一词在20世纪初刚被创造出来的时候，是为了重申并复兴知识分子在启蒙时代的社会核心地位，重申并复兴知识分子在启蒙时代的与知识的生产和传播相关的总体性关怀。'知识分子'一词是用来指称一个由不同的职业人士所构建的集合体，其中包括小说家、诗人、艺术家、新闻记者、科学家和其他一些公众人物，这些公众人物通过影响国民思想、塑造政治领袖的行为来直接干预政治过程，并将此看作他们的道德责任和共同权利。'知识分子'一词被创造出来时，les philosophes 或 republique des letres 的后代早已四分五裂了，他们散布于各自独立的专业领域中，他们各自对某一方面的问题感兴趣，他们只是关注某一局部的问题。因此，'知识分子'一词乃是一声战斗的号召，它的声音穿透了在各种不同的专业和各种不同的文艺门类之间的森严壁垒，在它们的上空回荡着；这个词呼唤着'知识者'（men of knowledge）传统的复兴（或者可以说，这个词唤起了对于这一传统的集体记忆），这一'知识者'传统，体现并实践着真理、道德价值和审美判断这三者的统一。"以上精华的一段论述中，齐格蒙·鲍曼阐释了对知识分子在当代的位置问题的理解。这一问题在中国传统文化中也存在，它涉及任何一个社会中意识形态建构的主体问题。在中国传统儒家文化体系中，"士人"集团实际上担负了国家意识形态的建构职责，体现了社会体系中思想和精神信仰的构筑功能。无论从中国古代社会状况，还是从西方古今社会面貌来看，知识分子的担当意识都是其社会责任的一部分。因此，考虑人文素质教育的社会价值，必然要从知识分子的信念与社会稳定、常识与社会进步和思想与社会批判入手。

一、信念与社会稳定

任何社会的稳定，都需要一个总体统一的价值观念和一个基本稳定的社会人群。从中国传统社会来看，儒家文化和士人绅士集团构成了中国古代社会稳定的基本要素。在当代，社会核心价值观和知识群体就起到稳定社会的作用。因此，信仰的建立是在社会价值观念层面要思考的重大问题。每一个社会都有建立在不同的政治、经济模式基础上的主流与核心的价值规范，对于一个社会来说，信仰的稳定性决定着人们的认知水平和行为能力，也维系着社会的稳定。

大家知道，以孔子为核心的儒家价值思想建立在对周代制度建设的思考之上。在陈来先生的《古代宗教与伦理——儒家思想的根源》一书中，他谈到了儒家文化建立之初的种种思考，这些思考实际上涉及从殷商以"宗教巫术"立国到周代以"人文伦理"立国的转换。在这一思考中可以发现，两千多年来中国的超稳定结构实际上有两个重要因素：一是"儒家"文化价值观念，二是存在一个"士人""乡绅"集团，这里"士人"和"乡绅"秉承一致的儒家价值观念，有天下担当时则为"士人"，治理家族时则为"乡绅"，并且"士人"和"乡绅"的角色可以随时转换。这样一种结构便为中国古代社会的稳定提供了"信仰"——作为一套价值观念，它在青年士子的成长过程中以"儒学"为人文素质教育的内容。儒家文化在中国传统社会中的价值规范作用说明，人文素质具有历史语境性内涵，换句话说，人文素质的要素并不是一直不变的，在一定的历史时期，它的基本内涵与社会历史发展状况相关。在中国传统社会，儒家理想和价值观必然成为人文素质教育的内容。

到了当代社会，儒家价值理想已经远远落后，但是其中的模式和某些人文因素还有参考价值，比如面对急速变化的现代性浪潮，如何看待"功利性"取向，如何看待"资本"的无孔不入，等等，需要在信仰层面予以思考。可以说，这个急速转轨的时代，给人文素质教育提供了机会，使得人文素质教育有了相应的价值，这便是确立信仰的价值。在过去中国社会转轨和剧烈动荡时期也是如此，许多仁人志士将信仰提到国民大计的高度去认识，说明信仰对于社会稳定的作用。其实，信仰是人文素质的一个组成部分，可以应用于对公民的塑造；同时它又是超越人文素质的，有着跨越时间、民族和历史的终极意义。毫无疑问，在信仰层面的管理和建构，能够使一个时代趋向稳定。

自1840年开始，中国持续两千多年的儒家文化体系遭到了前所未有的挑战，伴随坚船利炮而来的不仅是工业文明，而且还有与这一文明相伴随的现代观念。"德先生"和"赛先生"便成为一百多年来中国人奋斗的目标。今天，如果放在民族信仰的层面看待这一问题，就会发现，"德先生"和"赛先生"的追求，实际上是一种民族信仰危机下的选择，而这一选择必须与中国的实际情况相结合才有意义，即为上文谈到的"历史语境"的意义下，中国现代意识信仰才会产生。从中国共产党领导中国革命直至胜利的历史事实中，可以发现这里讲的信仰或信念必须结合千百万人民大众的利益才有实现的可能，这一规律现象是和中国传统社会结构模式血肉关联的。由信仰到信念，应该说是打开了信仰实现的一条世俗化的道路，为核心价值观的传播提供了机会、方法。儒家价值观念因其现实性、民生性和亲和性的特点而延绵千年。当代中国的小康社会和和谐社会主张，从实际出发，考虑到了中国社会的实际状况，是一种传统理性文明的现代延续，更是执政党不断拓新的深刻思考。上述思想的脉络构成了信念与社会的稳定之间的理论根据，也是大学生人文素质教育的应有价值。

二、常识与社会进步

何谓常识？孙中山在其《建国方略》（三）中曾经指出："凡欲固结吾国之人心，纠合吾国之民力者，不可不熟习此书。而遍传之于国人，使成为一普通之常识。"此处的常识，显然不同于"普通的知识""一般的知识"这样的含义。在对常识的理解上，英文中有以下几种理解："general sense" "common sense" "mother wit" "practical wisdom"。从以上关于常识的理解中，大致可以概括出"常识"的几种意义：第一，客观的、科学的常识；第二，社会的、规范的常识；第三，传承下来的智慧；第四，实践中获取的经验。常识并不都是进步的，需要注意常识与成规之间的区别、常识与人类认识水平的关系等之间的差别。但是，总体来说，今天所特别强调的常识，更是指一种共同认识，尤其强调的是公民社会建设时期的共同常识，它在某种意义上是用来对抗反科学反民主的知识。

任何一个社会、时代都要有常识。常识是素质教育的一大主题。中国两千多年的旧文明建立在人伦与天伦统一和谐的常识判断基础上，中国人按照春夏秋冬的自然变化管理着人间社会，包括儒家士人借此机会渗透他们的思想影响。在儒家文化价值观中，天地君亲师、仁义礼智信被塑造成常识，这是伦理的常识，它维护了以儒家文明为核心的中国两千多年的帝国时代。在民间语言上，对于践踏了伦理纲常的人，会被描述为"几于禽兽"，即几乎等于禽兽，这个判断中已经将封建伦理道德变成了日常生活的当然准则。所以，封建时代的一些制度被称为"伦理纲常"。

第三节 人文素质教育的社会功能

人文素质教育的落脚点在于培养人，培养具有"文化自觉"能力的人。人文素质教育在这一方面担负着重要的任务，这也是人文素质教育的功能所在。

何谓"文化自觉"？联系中国传统文化精神的根本，可以认为文化自觉表现为一种对本民族文化、对世界文化的发自于内在心理的担当意识。在甘阳、陈来、苏力主编的《中国大学的人文教育》一书中，他们认为"文化自觉"主要包括两个方面的内容："第一，今天的中国人需要了解中国经济的崛起并非仅仅只有经济史的意义，而是具有世界文明史的意义。现在全世界都把中国的崛起看成是 21 世纪的最大事件，认为中国的发展可能会决定性地影响和改变整个世界格局。对中国在当今世界上的这种地位，中国人必须要有自觉的意识，要自觉地从世界文明史的高度来看中国和世界，要自觉地从世界历史的大视野来重新认识中国，重新认识世界。第二，更重要的是，提出'文化自觉'是要指出，我们国家目前的文化状况与中国在世界上的地位很不相称，我们的文化基础非常薄弱，我们的文化底气严重不足，我们的文化历史视野更是相当狭隘。因此，提出'文化自觉'不是要助长文化自大狂，而恰恰是要反对文化自大狂，反对文化浮躁气，反对文化作秀风。我们所说的'文化自觉'提倡的是从非常具体的事情着手，做耐心扎实的文化奠基工作，要特别反对吹牛皮，说大话，搞花拳绣腿。"

这段话比较充分地反映了我国普遍进行文化素质教育的原因和内在动机，它说明了人文素质教育的文化公共关怀功能，所以，文化素质教育从大处看关乎国家民族的前途未来，从具体微处着眼则与人的综合素质构成有关，涉及情感与价值取向、科学精神、科学知识与科学技能等问题。或可改变封闭、狭隘的内心，进行"心力"的换回，用独立自觉的文化判断去调整教育传统等，这都是人文素质教育的功能所在。而具体到大学生，人文素质教育将在协调个体与社会、明晰思想和知识以及醇化素养和能力等方面实现它基础培养的功能。

一、协调个体与社会

人文素质教育的一些基本元素有利于协调个体与社会的关系，更好地处理自我与社会秩序之间的矛盾。人类不同于一般动物的地方，在于人类的群体性和由群体而结合的社会属性，这一群体既是使每一个个体有所依托的靠山，同时也是使得每一个个体感受到压抑的力量。在个体与社会之间，这种既互利又互相挤压的现状要求从教育领域协调二者关系，人文素质教育正是解决这一矛盾的领域。

在个体与社会之间，最大的矛盾是个人自由的无限性要求和群体对这种自由的限制之间的矛盾。从人类的天性来说，追求自由是他的天然属性，甚至大于生命的价值，正如匈牙利爱国诗人裴多菲所说："生命诚可贵，爱情价更高。若为自由故，二者皆可抛"。而在人的自由和人类的自由之间，又有所差异。个体的人的自由首先与自然存在着天然的对抗；其次与人类群体之间存在着利益的不均与意见的分歧；第三，作为加入了群体的个体，存在着其所属群体与其他群体之间的对抗。在这三层不一致之间，从个体角度来说，人的自由性遭到了压抑，出现了个体与社会矛盾的不同面相，这种不同面相相应地要求为协调它们之间的矛盾产生不同的办法，而这些办法必须能够从具体的每一个个体出发，也即能够从个体的意识角度解决其与社会的种种矛盾。

由上述分析，追溯东西方人类历史，可以看到一些解决途径。比如在传统中国，儒家伦理提出了"天人合一"的中庸观念，道家思想则提出"无我""坐忘"的玄学主张，禅宗思想用所谓"菩提本无树，明镜亦非台，本来无一物，何处惹尘埃"的思想大化人生。在"读书人"群体中，面对自我生命的幻化，他们也四处寻找，不说老子、庄子、孔子、孟子这些先贤们结晶的道家、儒家思想，晋代诗人陶渊明为解决个人与社会之间的矛盾采取了"积极避世"的态度，渴望"采菊东篱下，悠然见南山"，以回归自然田园的方式保持个人人格的独立，他的诗歌赞颂菊花，而菊花在传统文学和人格象征中都有了特定的意义，已经成为隐逸的象征，成为中国古代传统文人解决个体与社会矛盾的一种方法。宋代大文学家苏东坡感喟人生易逝，在《前赤壁赋》中提出了"寄蜉蝣于天地，渺沧海之一粟；哀吾身之须臾，羡长江之无穷；挟飞仙以遨游，抱明月而长终，知其不可乎骤得，托余响于悲风。"企图从化身自然中解脱生命，成为历代读书人的楷模。在苏东坡解读人生困惑的方法中，我们看到了中国式的文人心态，这种心态维持了在专制制度下生存的人们向往自由的尊严，尽管无法和现代公民意识相比，但却是那一时代一种比较妥善的解决之道。即便是在今天，苏东坡的解决之道亦成为很多人的生存志趣，正如林语堂的描写，它已经内化为民族的精神元素，不断滋养着这块土地上生存的人们。

今天，随着资本的大肆扩张，生存在当下的人们精神上普遍处于一种渴望自由又身不由己的状态，对于人们的焦虑，也产生了不同的解决办法。下面从两本畅销书的分析中会看到，在它们的叙述中，都含有对个体与社会紧张感的问题的思考。其中第一本是米奇·阿尔博姆根据真实经历写作的《相约星期二》，在这本书中，主人公叙述了自己事业有成，但是却疲于奔命的生存状态，忘记了当年初出校门时的热情和理想，对生活感觉疲惫，这不是他所情愿的，换句话说，他并不认为这种生存状态是幸福的，于是他找到了自己的大学老师——年逾七旬的社会心理学教授莫里，希图通过与老师的交流解决心中的焦虑。莫里教授与米奇畅谈生活，他们谈论的话题无所不包，是生活的方方面面、是人与社会的各种关系，如何看待世界、如何珍视生命、如何正视死亡、如何处理情感、如何谅解他人、如何面对金钱，对文化作种种反思，还有自怜、遗憾、对衰老的恐惧、对家庭、婚姻和爱的思考，莫里教授的名言是："学会与生活讲和"……他似乎在告诉我们，最好的人格特征并不是一味地斗争，而是学会"与生活讲和"。《相约星期二》不仅在美国，而且在中国和世界各地都产生了较大的影响，它和《你在天堂里遇见的五个人》和《一日重生》被称为米奇·阿尔博姆的"情感疗伤"佳作，余秋雨先生在为这本书作的序言中写道："临终前，他要给学生上最后一门课，课程名称是人生。上了十四周，最后一堂是葬礼。他把课堂留下了，课堂越变越大，现在延伸到了中国。我向过路的朋友们大声招呼：来，值得进去听听。"

　　另一本书是在我国影响很大的于丹的《论语心得》。该书除了有助于唤起大众对《论语》等传统国学的关注之外，对于青少年青春成长期的心理和大众化时代市民的焦虑心理还有一定的熨贴作用。在这部书中，于丹从"天地人之道""心灵之道""处世之道""君子之道""交友之道""理想之道"和"人生之道"六个方面谈起，基本思路是如何协调个体与社会的紧张关系，安置焦虑的心灵，认为，"我们的物质生活显然在提高，但是许多人却越来越不满了，因为他看到周围总还有乍富的阶层，总还有让自己不平衡的事物……其实，一个人的视力本来有两种功能，一个是向外去，无限宽广地拓展世界，另一个是向内来，无限深刻地去发现内心……我们的眼睛，总是看外界太多，看心灵太少……孔夫子能够教给我们的快乐秘诀，就是如何去找到你内心的安宁。""人人都希望过上幸福快乐的生活，而幸福快乐只是一种感觉，与贫富无关，和内心相连……在《论语》中，孔夫子告诉他的学生应该如何去寻找生活中的快乐。这种思想传承下来，对历史上许多著名的文士诗人都产生了巨大的影响。""当一个不幸降临了，最好的办法就是让它尽快过去，这样你才会腾出更多的时间去做更有价值的事情，你才会活得更有效率、更有好心情。"陶东风先生评价道，"这个快乐哲学的精髓是回避现实和麻痹自己。""好一个快乐秘诀！原来就是阿Q精神！即使你生活在最黑暗的时代，即使你看到社会的严重不公，邪恶压倒正义，即使基本的公民权利还没有得到保障，这一切都没有关系，你不必去实践现实的改革，不必去消灭实际存在的社会不平等，不必去改造制度。你所需要的只是发挥你神奇的'内视力'看看你的内心，因为那才是快乐之源。""不客气地说，这只能是'食利者'的快乐哲学，是权贵阶层的快乐哲学。一个饥寒交迫的人是不可能接受这样的快乐哲学的。而如果一个人自己享受着不合理的现实提供的美味佳肴、锦绣貂皮，却劝告草根阶层不要嫉妒，不要不满，不要牢骚满腹，那简直就是不厚道啦。如果这种快乐哲学被接受了，那么，不仅大量贫困阶层，而且我们的国家，都会在这种快乐哲学的催眠下可悲地'快乐'至死。"

由上述两本书的内容和相关评述，我们注意到和士人情怀传统之间的差异，而协调个体与社会的关系事实上也是有着不同的思路的。人文素质教育所着力培养的个体意识并不是风花雪月的小资情调，它一定和家国关怀密切相连，是文化精神的传承，其间暗含着文化命脉的延续与自觉。在此基础上的个体与社会的关系，就不再是一种对立的关系，而是一种协调的关系，同化、协商、谈判、妥协等多种因素都在其中，最佳的结果并不是彼此的毁灭，而是"讲和"。这就是人文素质教育的功能之一。

二、明晰思想和知识

知识传授与思想倾向是不能分解的。也就是说，单纯的知识传授不能决定知识使用的方向，因此人文素质教育的功能也在于明晰思想与知识的分合关系。对于每一个个体来说，知识的获得需要记忆和一定的身心感受能力和思维能力；而思想的获得则源于自由的愿望、自我意识的强度和群体社会的责任观念。在思想和知识之间有时会产生矛盾。知识具有客观性，随着人类认识水平的提高，知识的面貌存在更新。过去认为是对的知识，由于时间、空间和人类研究能力和手段的提高会发生变化，比如从普通物理学到量子力学，到宏观物理学；有时甚至是本质的变化，比如从"地球中心说"到"太阳中心说"，再到今天的"婴儿宇宙"假想理论。尽管有这样的变化，但不能否认知识具有相对的客观性。

人文素养则不同。人类的一些思想和愿望，包括人类历史上某些产生深远影响的思想、对人类无限肯定、给人们以信心的思想，其实可能是一种错误。放在历史的层面就会发现，在思想和知识之间，人类的前进道路是在鲜花和荆棘丛中走到今天的，思想和知识也都是处于发展和变化中，需要细致地剥离缠绕其中的情绪的、感性的认识，看到二者统一和矛盾的方方面面，为今天的思考服务。

首先，知识体现为一种结果，它为思想提供依据；而思想是一种思维和判断，它要反思知识的面貌、评价知识的水平和意义。人文素质更多的是为探求知识提供原动力，为恰当的思想提供人性的标准和思维的基础要素，包括自由倾向、感觉能力、逻辑能力等，人文素质教育的深化有助于在不同方面促进二者的发展。对于知识提高来说，人文素质的培养将注重思维能力、求异能力、抽象能力等，在思想培养上，人文素质教育将发展人类的判断力、批判力和反思能力。

其次，人文素质教育还有助于提高思想的水平和寻求知识的能力，明晰二者的不同作用。在人类历史上，思想仿佛灯塔，指引着人类前进的方向，包括知识寻找的方向，而人文素质教育将在人文的意义上强化这一观念，特别是自由的观念，这样的努力结果是把知识的地位拉回人间，避免知识理性造成对人类幸福的伤害。

总之，在人才培养中，人文素质教育有助于一个人的全面成长，它从人性深处出发的自主意识、求异的反思思维模式、感性的判断力都将有助于一个人思想、素养的提高，促进个体与社会的协调发展，也促进知识和思想趋于完善。

三、醇化素养与能力

醇化，是使更纯粹，达到美好而圆满的境界。作为人生修养的人文素质教育，对自我发展，特别是处理素养与能力的关系具有相应的功能。在此，如何醇化素养与能力，是需要思考的一个问题。要达到醇化，就要在素养和能力之间协调到最佳境界，对于一个人来说，有素养未必有能力，有能力也未必素养非凡，醇化好二者之间的关系就显得特别重要。

首先，单纯的知识教育有可能使受教者拥有非凡的能力，但是这并不意味着其素养很好，相反，若仅仅单一地强调素养，也容易走向精神领域的超越和玄想。恰当的人文素质教育，应有助于协调受教者平衡素养与能力的关系。这里的素养特别是指身心修养方面的人文素质，也指在人类精神生产产品方面的修养，尤其是在今天科技理性大力强调的时代，要加强人文理性的关怀，比如对理想、价值观念、美的追求等的关注，从具体形态上说，比如艺术、音乐、绘画等，在人才培养中，要把综合素质的熏陶与知识教育结合起来进行，避免人才结构的单一化，避免人才培养的单面化。

其次，在人文素养方面，进行更加细密的培养，能够更好地醇化人文素养与能力的关系，要向人文要素的深处开掘。比如，音乐训练不仅是要对受教者进行音乐作品本身的感受，而且更是在这一训练中培养感受能力；文学素养教育也不是单纯为了培养受教者去阅读和写作，更是要培养阅读者在阅读和写作中的精神提升。能力的深处是人的整体感觉，在进行人文素养训练中，从表层看是在进行具体的精神产品形态的熏陶，深层则是对蕴含在这些产品形态中的思维方式、认识方式、价值观念和感觉方式的培养。而这些方式，将成为能力转化的内在动力。

再次，人文素养有助于生活面貌的改变。在此基础上，将会大大提升人们认识的敏感性，影响人们对生活方向的选择，从而转变其能力提升的前进方向。特别是在人文科学、社会科学与自然科学研究的不同领域，人文素养会有助于主体把握能力努力的正确方向。比如人与自然的关系，过去强调人征服自然、改造自然，造成了大量的生态失衡，但是近些年来，人们努力的方向转向了环保领域，开始修补自然。这一认识的转变，表层看是人类对自然灾害的反思，认识到了人对自然破坏的危机，深层却涉及人与自然关系的改变，中国传统"天人合一"、人与自然相协调等观念开始苏醒。这都是人文素养所关注的内容。

中国20世纪五六十年代的英雄人物马永顺是新中国第一代伐木工人。20世纪50年代他创造了"流水作业法""安全伐木法""四季锉锯法"等方法，大大提高了木材的采伐水平，这使他成为英雄人物，甚至被写入全国手工伐木作业教科书，但是，伐树所造成的荒漠化使得他的晚年充满负疚感。1991年，他已78岁高龄，为了完成补栽一生伐掉的36000棵树，他带领一家三代15口人，到荒山坡上营造义务林，终于完成了夙愿。截至1999年，他带领全家共义务植树5万多棵。这个事例说明，人文素养教育是时代所需，同时它的补充也使人获得了完善的幸福体验，这一事实是醇化素养与能力的良好例证。

第六章　人文素质教育的原则、途径和方法

如何按照人文素质教育的目标，培养具有人文精神和一定人文规格的现代化人才，需要进入实践操作的层面，而操作首先要弄清基本的准则框架。本章探讨人文素质教育的原则、途径和方法。

第一节　人文素质教育的原则

人文素质教育的原则就是在大学生人文素质教育活动中必须遵循的基本准则。它不仅在宏观上指导着大学生人文素质教育活动，而且在微观上规范和调节着大学生人文素质教育活动的各个方面和环节。

一、科学性与方向性相统一

科学性与方向性相统一原则是指人文素质教育活动既要体现科学性，又要坚持方向性，把科学性与方向性统一于人文素质教育活动中。

所谓科学性，就是指大学生人文素质教育活动所蕴含的规律性、真理性的内容要求得到遵循和满足，主要包括人文素质教育的内容客观现实性、教育规格以及教育方式方法的合理性。而方向性，则主要强调人文素质教育的价值指向性，应该是合乎社会发展大趋势、主流意识形态及文化，并能对人们的正确行为发生导向作用。

从历史和现实来看，方向性要求较为容易得到贯彻，任何阶级无不从各自的政治目的出发，通过教育活动向学生施加自己的政治思想、价值观念和道德影响。孔丘就主张："君子博学于文，约之以礼，亦可以弗畔矣夫。"唐朝韩愈说："师者，所以传道、授业、解惑也。"宋朝周敦颐提出"文以载道"。同样，在当代中国，对大学生进行人文素质教育的目的就是通过提高大学生的人文素养、人本精神，使之具备适应当代社会发展的思想政治品质，其中，核心目标就是增强大学生的主流价值意识和政治敏锐力，即坚定走中国特色社会主义道路的信心，树立实现中华民族伟大复兴的崇高理想信念等。相对而言，科学性要求则不易达成。

而大学生人文素质教育坚持科学性与方向性相统一，具有较强的客观必然性和现实意义。其一，唯有如此，才能保证与社会主义高等院校培养目标的一致性。高校不仅要培养适应现代社会、能求得生存和发展的人，更要培养社会主义现代化事业的合格建设者和可靠接班人，只有这样，大学才能不辱使命，社会主义现代化事业才会后继有人。其二，科学性与方向性的统一，有利于优化人文素质教育的效果。坚持统一的方向可以坚定信心、激励斗志，使人文素质教育活动有着精神动力支撑；坚持科学性可以保证教育活动的有效开展，人文素质的有效提升。忽视任何一方面都会使人文素质教育目标的实现大打折扣，甚至使教育活动出现负效果。

特别是在当今社会条件下，由于市场经济大潮的冲击，部分大学生的人文精神淡漠了，人文意识弱化了，个人主义、享乐主义、拜金主义大有蔓延之势，故此，大学生人文素质教育更需要坚持科学性和方向性的统一。因为人文素质教育不同于科学教育，其主旨是通过人文学科的知识传授和精神引导为大学生解决人生困惑并寻求信仰的支撑。所以，人文素质教育不能仅限于知识传授，更重要的是对学生人生观、价值观、世界观的塑造。它面对的是人的精神世界，要构筑人的灵魂家园。故既要贯彻方向性，使全体师生认识到人文素质教育的价值指向，并在教育互动中不断调整，又要讲求科学性，将内容的真理性与方法的灵活性有机地结合起来，努力探寻社会目标和个人目标融汇一致的契合点，努力使人文知识、人文精神有机地渗透到大学生生活的方方面面，做到教育的有效接受，达到殊途同归的效果。

二、理论与实际相联系

理论与实际相联系，是唯物辩证法的基本要求，是指导人类认识或学习活动的普遍规律之一，也是任何教育教学活动必须遵循的普适原则。古今中外不少教育家都对理论联系实际作过深入探讨。中国古代荀况就提出："知之不若行之，学至于行之而止矣。行之，明也。""知之而不行，虽敦必困"。在西方，古希腊智者曾断言："没有实践的理论和没有理论的实践都没有意义"。大学生人文素质教育坚持理论与实际相联系，包括两层含义：一是在人文素质教育中，教师把基础理论与现实生活实际联系起来，把教育普遍规律与学校人才培养目标、课程体系、师资状况、学生来源和特点结合起来，因地制宜地制订符合自身实际的人文素质教育方案，使学生真正理解和掌握基本理论；二是在实践教学环节，特别是在大学生的人文素质教育实践中，要坚持理论知识的主导作用，因为理论知识反映了自然界、社会和人类思维发展的最普遍规律，对实践具有广泛的适应性和指导作用。理论联系实际，体现着理论和实际的相互关系，理论教学与实践活动协调统一、互相补充、互相促进，既通过联系实际掌握理论，又要把理论应用到实际中去，这是大学生人文素质教育取得成效的根本途径。

　　一切真知均来源于实践。作为大学生人文素质教育主要内容的人文社会科学知识是对社会实践经验所作的高度概括和提炼，对大学生而言，属于间接经验。对于这种抽象的理论知识，高校教师如果不考虑大学生的实际情况，不联系社会现实生活，不但会使学生感受不到理论知识的亲和力和真实感，还会使学生产生"厌烦"心理。因此，抽象的理论须和具体的实际有机结合，通过实践教学弥补大学生在一定程度上直接经验的不足，使学生自然、自觉地吸收抽象的人文社会科学知识。另外，理论学习和实践教育，是培养当代大学生人文知识和道德能力的两个重要组成部分。人文素养、人本精神的培育总是通过一定理论知识影响人的思想而起作用的，先进的、科学的理论不去武装大学生的头脑，落后的、愚昧的思想就会去占据大学生的头脑。因此，坚持理论教育，向大学生系统讲授人文社会科学等方面的知识，有利于提高大学生的认知水平和理论思维能力。人文素质教育除了理论讲授，还要注重实践体验，强调知行统一，这也是理论联系实际的一个重要方面。通过组织大学生参与人文素质教育实践活动，引导大学生接触社会、深入生活，通过参与实践来正确认识和解决现实生活中出现的各种问题，从而提高分析问题和解决问题的能力。实践证明，无论是忽视理论教育还是忽视实践训练都是不可取的。

　　如何坚持理论联系实际呢？第一，要联系实际指导大学生人文素质教育中各种理论的形成、发展过程。所谓理论，是从实践中来又经过实践检验的认识，是人脑对客观事物及其规律的正确反映并按其内在逻辑组成的一定体系。科学理论能够揭示社会发展的规律，预见未来，帮助人们把握社会发展的方向和历史进程，能够提供正确认识事物和解决事物的方法。因此，高校教师讲授这些理论时，要综合运用多种方式引导学生确切了解理论的形成、发展过程，用于论证理论的材料必须真实、准确，具有典型意义，还要有说服力，这样，学生理解起来就不会那么枯燥、晦涩、难懂。第二，要联系当代大学生的具体实际。根据大学生的实际情况有针对性地进行人文素质教育，也就是因材施教的方法。由于市场经济和西方社会思潮的冲击，一些大学生不同程度地存在政治信仰迷茫、理想信念模糊、价值取向扭曲、诚信意识淡薄、社会责任感缺乏、艰苦奋斗精神淡化、团结协作观念较差、心理素质欠佳等问题。因此，教师首先要了解学生的这些思想实际，精心准备和运用相应的教学内容、教学手段、表达方式开展人文素质教育，以培育学生的人文素养和精神品质等。另外，联系实际还要了解学生的个体差异、生活状况、专业背景、知识能力等。只有联系当代大学生的具体实际，才能最大限度地保证教育的实效性。第三，要联系高校教师的实际。人文素质教育的实效如何，主要取决于教师。如果教师仅仅局限于把理论讲清，把内容讲完，只能使学生理解、明白，未必能使学生有效接受。人文知识、人文精神要做到被大学生心甘情愿地接受，教师必须在"情"和"理"上下功夫。教师自身要明理，掌握真理、信仰真理，同时，对教学要有真实的情感投入。人文素质教育要引导大学生树立正确的世界观、价值观、道德观，提高大学生的人文素养和人本精神，是直接以育人为目的的活动。教师面对的是有血有肉、有思想、有情感的大学生，如果教师自身没有饱满的情绪和真挚的情感，学生是很难受到感染，而产生接受的内在需要的。如果教师能乐于现身说法，用自己的亲身经历、心路历程例证某些理论，则会产生很大的感染力和说服力。

三、专业教学与人文素质教育相融合

专业教学与人文素质教育相融合，就是在专业教学过程中，使学生掌握一定的专业知识和专业技能的同时，对学生进行人文素质教育，提高学生的文化品位、审美情趣、人文素养及人本精神。专业教学与人文素质教育不是平行推进的，也不是有先有后，分层次进行的，而是有机地融合在一起的。如果教师仅仅单纯地进行专业教学，就不能有效地解决学生的思想困惑、道德困境、做人问题，也就不能提高学生的道德觉悟、人文素养。对于高校教师教书育人职责来说，这样的教学不能算是成功的教学。在专业教学和人文素质教育之间考量，人文素质教育也应是"重点戏"，专业教学的落脚点是为培养大学生适应社会、学会做人，造福人类的能力服务，教师应以专业教学为载体对学生进行人文精神的培育，把专业知识转化为学生的理论武器和认识能力。意大利诗人但丁曾说过这样一句名言：一个知识不全的人可以用道德去弥补，而一个道德不全的人却难以用知识去弥补。

人文素质教育要遵循人的思想发展规律，融合到各种专业教学内容和方式中，以循序渐进和潜移默化的状态进行。大学生人文素质教育融合、渗透到专业教学中去，具有重要意义。其一，可以形成教育合力，产生新的综合性、具有感人气息的教育力量。这种教育合力，可以产生一种"整体大于局部之和"的综合功能效应，人文素质教育融入专业教学中，就等于高校专任教师都参与到人文素质教育工作中，正像恩格斯所言的"许多人的协作，许多力量结合为一个总的力量，用马克思的话来说，就造成'新的力量'，这种力量和它的一个个力量的总和有本质的差别。"其二，可以产生"春风化雨，点滴入土"的效果，促进大学生思想发展的良性循环。人的思想都是在知、情、信、意、行五个要素的反复循环中形成发展的，高校人文素质教育实际就是促进大学生思想的良性循环发展，通过与专业教学相融合，能让大学生在不知不觉中受到教育，在自然熏陶下得到提高，因而可以收到理想的教育效果。

在大学生人文素质教育过程中，如何坚持专业教学与人文素质教育相融合呢？第一，要协调好专业教学与人文素质教育的关系，形成合理的系统教育结构。能否坚持专业教学与人文素质教育有机融合，关键在于教师。因为人文素质教育相对于专业知识而言，有其自身的特点，专业知识教育仅仅是让学生了解、知道所授的内容，而人文素质教育涉及的是学生的思想境界、内心世界，通过影响学生心灵，触发其思想转变，心灵净化，境界提升。因此，每一位专业教师都应当明确专业教学并不仅仅是传授完知识了事，还包括育人层面，要提高学生的思想觉悟、精神品质和人本精神。第二，专业教学要紧密联系学生的思想认识问题。随着市场经济的深入发展，我国社会经济成分、组织形式、就业方式、利益关系和分配方式日益多样化，大学生思想活动的独立性、选择性、多变性和差异性日益增强。高等学校各门课程都具有育人功能，所有教师都负有育人职责。教师在教学中要注意观察学生的课堂反应，紧密围绕大学生普遍关心的重大问题以及个别学生的思想认识问题，做好释疑解惑和教育引导工作。这类问题尽可能地在课堂上即时解决，容易达到事半功倍的效果。第三，在人文素质教育中，要批判分析西方文化思潮和价值观念。伴随着全球化浪潮和互联网的迅速发展，西方思潮和价值观念对大学生的冲击难以避免，大学生价值观念呈现多元化发展趋势，人文素养、人本精神呈弱化趋势。因此，高校教师在课堂教学中，要严肃认真地对待西方思潮和价值观念，进行客观的分析批判，从正面晓之以理，动之以情，有效地提高学生自觉抵制错误理论观点和错误价值观念的影响的能力，同时提高大学生分析批判社会思潮的能力。

四、教育与自我教育相呼应

教育是指在人文素质教育中，教师通过一定教学内容影响大学生，力图使大学生接受教学内容所承载的思想观念、道德品质、人文精神，并内化为自身的品德意识的过程。自我教育就是教育对象自己教育自己，自觉地进行自我剖析、自我管理，主动地接受正确的价值观念，形成良好的行为习惯的过程。教育和自我教育相呼应体现在人文素质教育过程中就是价值引导和自我构建相统一。人文素质教育的关键在于培养教育对象的自我教育意识、自我教育习惯，使其在价值多元化的开放社会中依据教育者所传递的主导价值观进行自我选择和自主构建，并对自己的选择切实地承担相应的社会责任。

坚持教育和自我教育相呼应，符合内化与外化辩证统一的教育教学规律。大学生人文素质教育的过程实际上是一种内化与外化辩证统一的过程，因此，要增强人文素质教育的实效，教育者在教育实践中必须遵循内化外化规律，实现内化与外化的辩证统一。一方面，教育者要积极引导和帮助大学生接受人文素质教育内容所承载的思想观点、价值观念和人本精神并转化为自己的个体意识，自觉地将这些元素作为自己的价值准则和行为依据，从而为外化过程奠定坚实的基础；另一方面，教育者还要善于引导学生的外化过程，促进学生将个体意识转化为良好的行为习惯，产生良好的行为结果，这就是外化过程。内化与外化是辩证统一的。内化是外化的基础和前提，外化是内化的目的和归宿。高校人文素质教育要顺利地实现学生的内化和外化，离不开教育者的积极影响，悉心指导，更离不开学生主观能动作用的发挥，也就是说既离不开教育，也离不开自我教育，要求坚持教育与自我教育相结合。在人文素质教育实践活动中，教育者的作用是提供一个良好的外部条件，把教育内容所承载的精神实质通过恰当的方式传授给学生。学生的自我教育意识和自我教育能力，需要在教育者的影响下形成和发展。教育者提供自我教育的起点和动力，决定着自我教育的氛围和导向。自我教育是衡量人文素质教育是否有效的一个标志，又是人文素质教育最终落实的归宿。现代社会，自我教育之所以重要，与社会的开放性、价值取向的多元化、思想活动的独立性、选择性加大有很大的关系，这些都增强了大学生的主体性，对自教自律提出了更高的要求。

坚持教育与自我教育相呼应，要做到以下几点：第一，要充分发挥教育者的主导作用。要防止和反对人文精神培育的"自发论"。开放、多元的现代社会对高校教师提出了更高的要求，教师要充分意识到自身的责任与使命，以身作则，率先垂范，增强自身的人格魅力，以帮助塑造学生的理想人格。第二，要善于启发、提高受教者的自觉性和自我反思能力。受教者的认识活动是一种自觉、能动的思维活动。在人文素质教育实践中，教育者如果重视启发人们的自我意识，重视培养提高人们积极思维的自觉性，受教者就能在自觉的基础上增强自我教育能力。古人云：学而不思则罔。讲授给学生的人文社会科学知识没有经过学生的思考、反思，就不能被学生真正掌握和接受，学了新理论、新知识，却不会运用理论思考，不能用来解决自身的实际问题，这种理论、知识就没有转化成相应的能力，也就毫无意义。因此，教师在人文素质教育中必须避免那种以为灌输得越多，效果就越好的误区，应该多给学生独立思考、表达见解的机会和时间，以最大限度地增强学生的自我教育能力和面对复杂社会的应对能力。第三，要充分发挥学生的集体自我教育的作用。集体自我教育是同龄群体通过互相影响、互相启发、互相学习而实现互相教育。集体自我教育的积极作用不容忽视。大学生的主体意识较强，对于教师关于人文精神方面的教诲可能会有"抵触"心理和"逆反"情绪，而同学之间，由于年龄相仿、背景相似、兴趣相同，容易沟通并实现共鸣。高校应充分利用条件，开展丰富多彩的第二、第三课堂活动，在活动中激发大学生集体自我教育的需要，并以同学之间良好的情感、情绪为保障，把人文素质教育转化成当代大学生的一种生存方式和自我发展的内在需要。

第二节　人文素质教育的途径

要实现大学生人文素质教育的目标，达到人文素质教育的规格，就必须明确人文素质教育的途径。人文素质教育的途径是对教育平台、空间、载体的选择和整合。近几年，一些研究高等教育的专家学者提出了"四个课堂"的概念，将传统上以课室为教学阵地的课堂统称为"第一课堂"，以校内课堂外的空间称为"第二课堂"，校外的学习实践阵地称为"第三课堂"，虚拟网络平台称为"第四课堂"。这"四个课堂"的教育功能在高校是客观存在的，也是重要的、不可或缺的大学生人文素质教育的重要平台、空间和载体。要科学地、系统地对大学生进行人文素质教育，必须坚持整合"四个课堂"的理念，树立"四个课堂"一盘棋的思想，发挥"四个课堂"彼此互补、合作、协同教育的功能。

一、第一课堂：人格综合塑造

第一课堂是传道授业解惑的主阵地，也是人文素质教育的主阵地。专业教育的任务主要是"授业"，是学习一种"术"，而人文素质教育主要是"传道"，是学习"道"，强调做人与做事的统一，属于精神层面，重点是使学生精神成人，对学生进行人格综合塑造。人文素质教育必须充分发挥第一课堂的基础和核心作用。

（一）突出人本精神的通识教育

就性质而言，通识教育是高等教育的组成部分，是所有大学生都应该接受的非专业性教育；就其目的而言，通识教育旨在培养积极参与社会生活、有社会责任感、全面发展的社会的人和国家的公民；就其内容而言，通识教育是一种广泛的、非专业性的、非功利性的基本知识、基本技能和基本态度的教育。通识教育与人文素质教育虽然有一定区别，但是本质上是相通的，两者最终的目的都是为了人的全面发展。通识教育的目的不在于提高学生专业知识和技能，而是首先学会做人。参与制订原子弹发展计划的哈佛大学原校长 Jame Conant 说，人文通识教育的能量比原子弹还大，因为原子弹是由人控制的，原子弹掌握在什么人手里，会产生完全不同的后果，而人是由教育的目的和方向决定的。

通识教育的重要性，其一在于通识教育对完善大学生的智能结构、提高他们的审美情趣、加强他们的创造性和适应性、促进他们的和谐发展有着重要意义。和专业教育相比，通识教育传授的是更为基础和普遍的知识，从而是一种更为重要的知识。通识教育不仅关心如何做事，还关心如何做人、如何生活。哈佛20世纪70年代通识教育改革的设计者罗索夫斯基认为："通识教育的好处可能会随着年龄的增加、身心的成熟、世事的洞察和生活的经验而越发显著。最重要的是，通识教育是专业学术能力在其最高层次的实施中所不可或缺的。"其二在于通识教育追求人全面发展的教育本然价值。作为一种教育理念，通识教育起源于亚里士多德提出的自由教育——强调发展人的理性、心智以探究真理。作为对时代和社会变迁的一种反映，尽管通识教育的名称和内涵会随着时代和社会的变迁有所变化，但不变的是它对教育本然价值的追求，这个价值就是人的全面发展——强调把受教育者作为一个主体的、完整的人而施以全面的教育，使受教育者得到自由和谐的发展。其三在于通识教育对培养创新型人才有十分重要的作用。通识教育的目的不在于教给学生多少具体的知识，而是教会学生学习方法、思维方式，让他们学会怎么去自主学习，怎么进行独立思考。通识教育的任务，就是让学生通过学术的熏陶，养成科学和文明的精神，从而具备理性的力量，从而使学生能够最终摆脱监护而获取独立、自由的精神走向社会。通识教育的目标是培养完整的人，即具备远大眼光、通融识见、博雅精神和健康情感的人，而不仅仅是某一狭窄专业领域的专精型人才。其四在于通识教育可以拓宽视野。在通识教育模式下，学生通过融会贯通的学习方式，综合、全面地了解人类知识的总体状况。学生在拥有基本知识和教育经验的基础上最后理性地选择或形成自己的专业方向，同时发展全面的人格素质，以提升人的生命价值及生活品质。

通识教育的有效载体是通识课程，因此，一个完善的通识教育体制还应包括合理的通识课程设置。通识课程首先应该按照教育主管部门的要求开设好思想政治理论课、英语、体育、计算机等必修课程外，还应设置包含人文知识、自然科学知识、社会科学知识三个方面的选修课程。虽然通识课程涉及的知识面已经远远超过了人文知识的范畴，但是其最大的优点就是通过广博的、多领域的知识传授来开阔学生的视野，从而提升学生的人文素质。要发挥第一课堂的作用就必须本着加强学生全面素质、创新能力、个性发展的培养原则，构建一个科学的通识课程体系。

从当前高等教育的现状来看，通识课程至少应包含以下8个系列。

文学、艺术教育：含中外文学经典赏析、艺术欣赏、美学概论、影视欣赏等课程。主要在于发挥文学、艺术得天独厚的人文优势和美育功能，从作品中体现的人格精神、深挚情感和形象意境等方面陶冶学生的情操，铸造学生品格，开发形象思维，进而培养学生的创新意识和人文精神。

历史、哲学教育：含中外简明史、中西方哲学史、马克思主义哲学等课程。主要在于培养洞察社会，认识事物规律和本质的能力，并进而培养学生科学的思维方式和求真务实的探索精神。

心理、健康教育：含心理学概论、青年心理学、创造心理学、大学生健康教育等课程。主要在于培养学生良好的心态和健康的心理，引导学生探索新知、勇于质疑的创新思维，努力培养学生的创新人格。

科学、技术教育：含科技发展概论、现代媒体与传播、信息采集与发布等课程。主要在于加强学生对科学技术工具性价值的理解与把握，弘扬科学精神，提高大学生的科学素养和科学探究精神。

社会、文化教育：含社会学、中外文化概论、中国传统文化、东西方文化比较等课程。主要在于加强大学生对社会关系、社会行为、文化发展、文化功能的认知和理解，培养学生的社会责任感、文化归属感。

管理、法律教育：含管理学概论、法律基础等课程。主要在于让学生掌握必要的管理学知识和法律知识，培养现代管理理念和民主法制意识，以更好地适应经济社会发展和个人可持续发展的需要。

语言教育：含演讲与口才、社交礼仪等课程。主要以书面语言和口头语言的综合应用为训练核心，着重培养大学生在做人与做事等方面的技能与技巧。

综合教育：含职业规划、学习学等课程。主要对大学生的学习和生活给予理论上的指导和实践上的探索。

（二）蕴含人文气息的专业教育

在专业课教学中渗透人文精神、蕴含人文气息，并不是要求专业课教师必须讲授人文知识，而是指在专业教学中要向学生介绍学科产生发展的历史及前辈为该学科所作的努力而产生的科学精神；鼓励学生思考，培养学生的科学精神和创新意识；把人生观、价值观、思维方法、思想作风、治学态度传授给学生。

目前我国大学教育仍然以专业教育为主，通过专业训练，养成专业素质，其主体是科学知识和科学文化的教育。因此，实施人文素质教育的关键和支撑点就在于挖掘专业本身所蕴含的人文精神，教会学生正确做人、做事、做学问的态度。教育必须以科学教育为基础，同时又必须以人文精神为价值导向。科学只有与人文结合，并接受人文的价值导向，才能使科学真正服务于人类；而人文精神与专业教育的结合，可以达到实事求是、勇于创造的科学精神和为国家富强、人民富裕而奋斗的献身精神的统一。

1. 寻找专业教育与人文精神培养间的"视界融合"点

这里的"视界融合",是指任何学科思想的发展都不是封闭、孤立的,而是在时间中进行交流的场所,师生会在这种交融中形成新的理解。科学与人文虽然有各自的内涵,但在精神这个最高层面上,两者是统一、融合的,都是对人的灵魂的教育,而非理智和知识的简单堆积,"化性为德"是它们共同的终极目标。所以,把专业教育的某一具体内容进行理性抽象式的"问题化"设计、分解,使之具备人文精神方面的创造性、分析性、思辨性和批判性等特质,就是专业教育与人文精神培养相融合,同时又能与学生达成主体理解的"视界融合"点。

2. 探索在专业教学中渗透人文教育内容的方式

在专业课教学中渗透人文精神,并无明确的一成不变的做法,不同的课程可以有不同的组织结构和传授重点、不同的传授视角与传授方式。重点可以通过以下几点来实现。

第一,通过科学哲学教育,使学生树立辩证唯物主义的基本观点和正确的发展观、价值观、自然观等,注意把各科学的内容融入科学知识的理解、形成和应用的过程之中,为学生提供一个认识科学进步的辩证发展背景,以利于学生透过对科学知识的学习,学会用辩证统一和联系发展的观点研究科学的基本问题。同时,在教学中,教师要引导学生将科学与人类、自然、能源、环境等紧密联系起来加以综合研究,使学生学习、掌握和认识科学、认识自然的基本方法,养成关心人类、保护自然的行为习惯,树立正确的自然观。

第二,将相关专业的科学方法论和科技发展史纳入该专业课的范围,培养学生思考问题的方法。科技发展史可以使学生领悟到科学活动是活生生的人的活动,科学的理论和知识是由人所创造的,不仅是人智力的结晶,也是情感和意志的产物,凝聚了科学工作者的理想与追求,也是他们崇高品质的体现。这样在科学知识呈现在学生面前的同时,也使他们的价值追求和精神气质得以复生,人在科学知识中被凸现出来,科学知识也被赋予人性。此外,每个专业领域都有自己的研究方法,将知识、方法及其发展历史结合起来,建立综合性的课程结构,确定共同的学术目标,可以将科学与社会、知识与责任、专业与历史联系起来,给学生更加广阔的视野,促使大学生对那些在人类发展进程中起过重大作用的科学事件和思想,从学科起源、本质、发展及其社会应用价值和由此产生的伦理和社会问题的角度进行思考。

第三,加强科学精神和科学道德的培养。爱因斯坦在纪念居里夫人时说过:"第一流人物对于时代和历史进程的意义在其道德品质方面,也许比单纯是才智成就方面还要大。"在专业课程内容教学中,介绍学科发展中优秀科学家献身真理的感人事迹,以激发学生产生崇高的正义感与社会责任感；介绍学科中与当前国计民生密切关联的知识，以激发学生献身于造福人类与社会的热情，所有这些在帮助学生掌握人文知识、培养人文素养方面都起到了很好的作用。同时，穿插一些科学发现的故事，向学生揭示自然奥秘是如何被揭开的，怎样提出问题，怎样解决问题，中间有些什么磨难，等等，都会极大地鼓励学生从事科学研究的热情，帮助他们树立高尚的科学道德，掌握一定的科学道德规范，树立对国家、社会、科学的责任感、正义感和荣誉感，形成学生良好的科学伦理意识。

第四，提高专业教师的人文素养。由于施教者是教师，首先应当要求专业教师具有较高的人文素养，认识到在自己所从事的专业领域里充满着人文因素，并能潜移默化地在自己的教学中用这种人文精神感染和熏陶学生。为此，应该鼓励专业教师通过多种途径来提高自己的人文素养，尽可能多读一些古今中外的文、史、哲、艺方面的名著，寻找科学中本身就蕴含着的深刻的人文精神，想得"大"些、"广"些、"深"些，注意在自己的教学中加以贯穿。

（三）外化行为模式的实验实训体系

实验实训是实验教学和实训教学的统称。实验是为了解决社会和自然问题，而在其对应的科学研究中用来检验某种新的假说、假设、原理、理论，或者验证某种已经存在的假说、假设、原理、理论而进行的明确、具体、可操作、有数据、有算法、有责任的技术操作行为。实训则是专业技能实际训练的简称，是指在学校能控制的状态下，按照人才培养规律与目标，对学生进行专业技术应用能力训练的教学过程。

实验实训是高等教育重要的培养途径。在人文素质教育中，实验实训也发挥着重要作用，是整个人文素质教育教学过程中理论联系实际，培养学生实践能力的重要环节之一。

其实，实验实训中蕴含丰富的人文素质教育内容。

其一，通过实验实训树立人与自然协调统一的观念。现代科学自然观是整体论和有机论的统一，它坚持人与自然的相互限定、相互依赖和相互包容，坚持人与自然的密切联系，它们是内在统一、不可分离的。如果通过实验实训将科学主义和人文主义有机联系，这必将有助于人与自然和谐统一自然观的形成。通过实验实训，掌握大自然规律，将来更好地利用大自然，使大自然为人类服务，通过物质组成、结构、功能、运动、规律的教学，使学生得出世界是物质的，物质是运动的，运动是有规律的等辩证唯物主义观点。

其二，通过实验实训了解人与社会的关系。科学包括基础科学、技术科学和应用科学，它们具有内在的联系，有许多实践领域能用科学知识和价值观分析一些社会问题，如人口、能源资源、生态环境问题,并做出正确的决策。

其三,通过实验实训学会正确处理人与人的关系。实验实训中有许多涉及接触自然、了解社会、培养团结协作精神以及社会活动能力的内容和环节,在收集处理信息、获取新知识以及分析解决问题过程中,必然要与人合作交往,创设良好的人际氛围,只有这样,才能收到较好的教学效果。

其四,通过实验实训加强学生的爱国主义、辩证唯物主义的教育和培养。通过实验实训可以帮助学生了解中国在自然科学方面取得的伟大成就,从而激发学生的爱国主义精神,激励他们献身科学,立志为国争光。实验教学中所体现出来的科学态度、唯物史观、合作精神、遵守纪律、爱护公物、环保意识,等等,都是典型而又实际的德育。如果教师因势利导,通过实验做相应的思想教育工作,不仅可以激发学生爱国、爱科学的热情,而且也有助于学生树立攀登科学高峰、振兴中华的远大志向。因此,教师在实验教学中,应注意结合自己所教学科的特点,发掘其中内在的思想教育题材,以提高学生的整体素质。

其五,通过实验实训培养学生的科学精神。做实验可以引导学生探索科学知识,掌握相关的技能,学习科学的学习方法。由于教学上的实验往往就是教材上的难点内容,因此,通过实验有助于学生突破难点,将感性认识上升为理性知识。在做实验的过程中,能培养学生实事求是的学习态度、一丝不苟的工作精神及良好的生活习惯,从而提高学生的综合素质。通过对观察、分类、归纳、科学实验、科学调查等的介绍,引导学生建立参与意识,积极探讨现实问题,让学生理解科学研究工作是如何进行的,科学成果是如何获得的,科技工作者是如何建立自己的价值观、世界观、知识观的,从中培养科学态度、科学精神。

因此,应该着力构建蕴含人文精神的实验实训体系。

其一,在实验实训目的上要注入人文素质教育元素。当前,科学教育中普遍存在忽视人文素质教育目标的现象,重教育的知识性、轻教育的人文性;重教师主导、轻学生主体;重科学程序、轻灵活变通;重理论知识的传播、轻情感经验的积累;重理智控制、轻情感沟通,等等,这势必难以收到良好的教学效果。因此,要加强人文素质教育,首先就要确立正确的教学目标,充分发挥科学的特点及其多元价值,重视学生知识、技能、心理、文化、审美等方面的差异,明确人文素质教育目标,加强教学过程人文环境意识,使科学教育与人文素质教育有机融合。

其二,在实验实训内容上挖掘人文因素。实验实训内容不仅是一个科学知识的逻辑体系,更重要的是通过知识反映出它包含的科学思想方法,反映其文化价值,充分挖掘自然科学的人文因素，创设情境诱发学生的学习兴趣，激发学生的灵感，尽可能地结合教学内容开展艺术、审美教育，注意教给学生学习中华民族文化、汲取民族精神的方法，培养学生的竞争意识、合作精神和坚强毅力；通过挖掘人文因素，使学生学到坚定的科学信仰、实事求是的科学精神与严谨、严密、严肃的科学态度。

其三，在实验实训中强化人文环境建设。要将人文精神的培养落到实处，必须高度突出实践的教学环节，创设民主、开放、活泼的情境；保证学生自探、自求、自创的时间，体现学生学习主动性、灵活性、创造性，实现教学的民主性、启发性、多样性。为此，在教学过程中应努力做好教师与学生、学生与学生之间的交流与沟通，大胆地把信息技术和心理科学的成果应用于教学改革实践，根据实验实训教学特点和人才成长的需要，建立活动式、参与式、发现式、探索式、创造式的人文素质实验实训体系，引导学生独立思考、敢于争辩、勇于探索和实践，使学生的科学知识、技能素质和人文素质得到自由、充分、和谐的发展。

其四，不断改进实验实训方法，注意体现科学中的人文价值。在实验实训过程中引导学生体验人类追求真善美的精神，感受生命的意义和生活的真谛。在实验实训中的求"真"教育，主要体现为科学精神的培养和求真方法的教育，具体体现为科学探索的热情、勇气，相互合作的精神和献身于探索真理和捍卫真理的精神，掌握探索真理的方法、技能，培养学生的创造性。求"善"教育主要是指通过对学生的道德认识、道德情感和道德能力及道德责任感的培养，使学生自觉地养成善待生命、善待自然、善待科学、善待技术的世界观和方法论，用人文精神中的"善"去抵御科学发展带来的"恶"，用"可持续发展"的理念去追求人与自然的和谐共处、协调发展。在实验实训中，教师还应注意"美"的教育，一方面教师应善于从纷繁复杂的科学理论中发掘、提炼出简洁、整齐、对称、有序的科学美，对学生进行审美教育；另一方面，应让学生明确美与真的联系，美可以引真，形式美可以成为科学家的一种直观判断，有助于科学的发现，良好的审美能力可以促进科学创造。

实验实训的着眼点和落脚点已不是知识、理论本身，而是营造一种现实的场景，单纯的氛围，帮助学生理解、感受和领悟，通过观摩、对比、分析、思考、评估，使之做出适宜的行为选择，并在多次重复中得到固化，逐步成为思维定式和行为习惯。

二、第二课堂：校园文化洗礼

第二课堂是第一课堂的补充和延伸，主要体现为师生共同设计参与的校园文化活动，以及营造的特定文化氛围和精神环境。一所现代化的大学，必须有很高的文化品位，构筑一个富有活力的高尚的文化环境，形成一个朝气蓬勃的浓厚的学术氛围，充满着求真的科学精神与求善的人文精神，教育人、启迪人、感染人、熏陶人、引导人，"和而不同"，充分调动人的主体的自觉性与积极性，滋充着优秀人才的成长。因此，良好的校园文化，可以发挥环境氛围对于人的潜移默化的洗礼作用，同时展示独特的人文精神。具体表现为：

（1）物质文化。物质文化形态是校园文化氛围的外在标志，是育人的物质基础。校园里建筑布局、绿化卫生、创意雕塑与人文景观的设置，构成了校园的物质文化形态，这是校园形象和精神风貌的物质依托，它所蕴含的"精、气、神"体现了一个学校的文化内涵，对于增强凝聚力、陶冶情操、享受美感、塑造心灵、升华精神起着极其重要的作用。大学生每天都生活在校园中，环境的变化与他们的切身利益息息相关，要利用好校园的绿化、美化，使校园环境的主题充满人文教育的文化品位，为人文素质教育服务。

（2）媒体文化。媒体文化形态是校园文化氛围的直接体现。它包括校报、校刊、广播、电视、画廊、黑板报、宣传标语以及校歌、校训，等等。发挥大众传媒信息量大、覆盖面广、影响力强的优势，对学生将产生直接而深远的影响，有利于提高学生的道德水平和思想境界。各种格言警句醒目地挂放在广场、花园、草坪、教室中，每个局部环境都与整体人文环境相映衬，内容与形式协调一致、美观大方，富于艺术感，洋溢着文明、健康、奋进、向上的氛围，对学生产生有效的浸润、熏陶作用。

（3）文化活动。文化活动形态是校园文化氛围的内在表现。它通过各类的演出、竞赛、讲座、沙龙等形式，让学生在其中发挥自己的特长，发展自己的个性，不断增强自信，勇于创新，勇于竞争，经受挫折和磨炼，不断优化自己的思想心理素质，从而促使自己综合发展、全面提高。加拿大阿尔伯塔大学名誉校长罗德里克·弗雷泽博士曾35次来中国，针对目前中国将创新人才的培养列为国家战略，他强调指出，大学要关注学生的全面发展，除了知识，娱乐、体育、课外活动也非常重要，它们对大学生的人文素质培养将起到辐射、带动、诱导的作用。

（4）精神文化。精神文化形态是校园文化氛围的灵魂所在，也就是常说的"大学精神"。它主要体现学生在各种校园活动中所表现出来的特有的风格，涉及学生理想的追求、观念的转变、道德的修养、人格的塑造、行为的自律、心理的优化、纪律的约束等各个方面，从而成为激励学生向上的精神力量，虽然不像学科课程组织得那么严密，但它时时处处都在影响着学生，不知不觉地渗透在学生的意识中，促使他们"精神成人"。当前的大学教育应该创造氛围，通过开学典礼、毕业典礼、校史教育、校园电子地图等具有特殊教育意义的形式，让学生由知校而爱校、由爱校而誉校，由此不断丰富校园的人文内涵，对学生进行"人文洗礼"。

为配合人文素质教育，校园文化氛围的营造可以从以下几方面入手：一是开展广泛的读书活动，督促学生"读好书、精读书、会评书"，学校依据学生年级和专业的不同推荐人文学科阅读书目，并由教师予以引导，培养学生的人文底蕴。二是邀请校内外知名专家学者举办文、史、哲、艺等人文素质教育讲座，引导学生热爱知识，追求真理，端正人生态度。三是积极开展各种校内学习活动。人文知识的积累主要依靠学习，但知识内化为人文精神主要靠学生的体验和领悟，这些都需要在实践过程中完成，一方面是通过各种学生社团展开，另一方面还有集体组织的青年志愿者活动、社区援助活动、勤工俭学活动和社会调查活动等。四是适时开展相关探索创作竞赛活动，引导和鼓励学生的人文志趣，开发展示其人文特长，锻炼提升其人文素质。学校要为学生各种实践活动的开展提供必要的条件，鼓励学生社团的成长和学生参与实践的热情，并予以适当的指导。

三、第三课堂：行为践履强化

校外社会实践向来被称为高校的"第三课堂"，这个课堂既是求真的过程，也是获得体验、熏染感情的途径。大学生通过实践活动，既可以检验、应用所学知识，又可以开阔视野，锻炼各种能力，从而提高人文素质和科学素质，达到文化重建自我与社会本质要求的统一。因而，走出校门投身社会实践活动，让各种人文知识积淀接受社会现实的检验和磨砺，有助于内化到精神世界，促进其人文素质外化为行为。

其一，社会实践可以使大学生对当今社会的现状有一个理性的认识，了解国情、社情、民情，吸取时代精神的养料，批判更新各种不合时宜的观念和行为模式，有利于从整体上提高大学生的人文素质。

其二，社会实践可以使学生在实践中认识社会、改造自我、促进自身健康发展，反思人生价值观念，促进自我意识成熟，以达到人文素质培养与人文精神提升的最优化。这有赖于开发利用各类社会实践活动在学生自我表现、自我教育、自我管理、自我提高过程中的积极作用。

其三，社会实践可以帮助学生增强求知欲和责任感、使命感，在具体的工作环境中锻炼实践能力，培养敬业精神，加强文明修养，培养服务意识和奉献精神，并运用所掌握的知识为社会服务。反过来，此过程有利于加深学生对当今世界政治、经济、文化、社会等问题的理解。

其四，开展社会公益等社会实践活动，有利于深化课堂教学，拓展人文教育的空间。从某种意义上说，这种来自现实社会实践的人文教育比在学校的教育更直接、更深刻也更持久，更能有机地将感性教育与理性教育结合起来，让学生在同民众的交往和参与社会公益活动中，吸收传统道德的精华，养成善德，锻炼善行，具备善心，学会理解人、与人沟通与协作，在活动中培养大学生的公德意识和良好情操。学生通过公益活动，不仅熟悉自然的、人为的或社会的工作对象，学会如何分析问题和解决问题，学会如何做事，而且还可广泛接触不同文化背景、不同文化习俗的人群，学会进行跨文化交流与合作，学会与人共处。从这样的实践活动中，学生通过交流、比较、思索、磨炼，就会逐步建立起健康的思想感情和合理的价值观念，使自己成熟起来。

其五，社会实践可以巩固和加深学生学习到的各种知识、扩大学生的知识面、发展他们独立思考的能力，更重要的是可以让学生在实践中提炼和强化人文素质的行为，发现社会行为，验证和发展社会行为，强化行为践履能力。

四、第四课堂：虚拟网络历练

第四课堂是在"三大课堂"基础上衍生的一种网络虚拟课堂。在当代，随着以计算机、通信技术和信息技术为支撑的电子信息网络在全球的高速发展和日臻完善，网络早已不只是一种简单的信息传递工具，它参与了现实社会生活的构建，为人们塑造了一个新的社会生活环境，使人类正在踏入一个新的实践空间——网络空间。在网络空间里，人文精神的发展不仅迎来了前所未有的机遇，同时也面临着极其严峻的挑战。就目前来看，当代大学生由于存在对网络价值、网络社会规则及其特点认识的不准确，导致在网络社会中价值标准失范、道德评判弱化的问题。要改变这种现状就必须切实加强大学生网络人文素质教育。

网络虚拟课堂虽置身虚拟环境，面临虚拟人群，但并非空对空的虚无，而是针对三大课堂覆盖不到的灰色地带，发挥着实实在在的影响作用。实际上，现今网络时代突出地暴露了严重的人文精神缺失与人文价值倒挂问题，必须植根于现实的网络社会文化土壤，在与网络时代的政治、经济、文化的互动过程中寻找人文素质教育新的生长点。从这个角度看，高等学校网络人文素质教育的基点是为学生启示积极向上的网络应用方向，提升他们的网络社会境界，陶冶他们的网络情感，帮助其了解网络社会，认清网络世界中的自我，从而形成内化于主体精神深处的网络人文品质，对网络社会的正确认识和责任感，引导学生的网络行为，使其更好地游走于网络社会的同时学会认知、学会做事、学会共同生活、学会生存。网络人文素质教育的内涵应该是更为具体、丰富和现实的，应当是生动活泼、贴近社会实际、贴近生活、贴近学生的，要针对大学生网络人文素质缺失的主要表现而有所取舍侧重。

开展第四课堂人文素质教育，要做到以下几点：

其一，实现网络历练，首先要认知与把握"网络之真"和"网络之善"。"网络之真"和"网络之善"在于其基本精神即所谓自由、平等、资源共享。互联网本是一个推崇开放的世界，包容了多种文化元素，吸引了全球数亿人的眼球。它的出现让人们有可能更方便自由地了解自己想要了解的资讯，最大限度地延伸自己的眼界和生存空间，更重要的是可以让人们能自由地发表自己的见解，摆脱宗教的、政治的、社会地位上的束缚。这一切如果没有诚信作为基础是无法达到的，因为网络所体现的是无边的、开放的、变化的、分工却又相互协作的互动关系，自由、平等和真诚的交流是网络的真正精神，只有用这样的精神作为指导，才可能使对话沟通成为可能，才能最大限度地解放人的精神世界，才能创造出新的思想和新的思路。大学生只有做到对"网络之真"和"网络之善"的准确认知与把握，才能形成对网络社会的责任感，才会转而自觉地共建和维护现实社会的"真"和"善"。

其二，实现网络历练，要对网络中的观念和行为加以有效引导。美国著名社会学家曼纽尔·卡斯泰尔说，信息技术的发展使得"地域性解体脱离了文化、历史、地理的意义，并重新整合进功能性的网络或意向拼贴之中，导致流动空间取代了地方空间。当过去、现在与未来都可以在同一则信息里被预先设定而彼此互动时，时间也在这个新沟通系统里被消除了。"其结果，"流动的空间"与"无时间的时间"正在成为新文化的物质基础。网络上的意识形态摆脱了民族、国家或社会的界限，外来文化的精华与本土优秀传统文化的创造力在这里碰撞并以多样复杂的方式结合在一起，应当怎样去面对，怎样进行消化、吸收？网络中哪些信息能陶冶我们的思想和情操？哪些信息对我们是健康有价值的？哪些是虚假不可信甚至是陷阱？应当怎样辨别、剔除糟粕取其精华、去伪存真？当代大学生无法回避这个问题，需要在网络人文素质教育中加以重视和引导。

其三，实现网络历练，要着力于大学生网络道德的培养。网上的一切活动以及人们的道德和文化素质难以跟上数字化的发展。网络的虚拟性使网络社会中的道德具有非控性、开放性、自主性、多元性，现实生活中的传统道德准则无法约束网上言行，易导致大学生网络道德意识低下，也将对大学生的传统道德观念及日常行为产生较大的负面影响。所以高校网络人文素质教育应阐述传统道德与网络道德的关系，明确网络道德是传统道德的发展和延伸。每一次网络言行都是在营造新的网络文化，因为既然网络和现实生活有关，所以网络本身所具有的人文精神，就一定会与现实生活的某种方式有联系，数字化时代的到来和数字化所能提供的生活方式，都不能独立于现实生活之外。网络既然是高度发展的文明社会的产物，它就必须有文明发展的规则。要通过网络人文素质教育使高尚的网络道德行为准则深入人心，以指导大学生文明上网。

其四，实现网络历练，要加强对大学生网络心理的疏导。网络给大学生带来积极影响的同时也可能对其生活方式、心理行为产生负面影响。因过度使用网络而导致诸如情绪障碍、社会适应不良等心理行为问题日益增多，引起了社会的广泛关注。保持健康的网络心理，已成为大学生心理问题的一个焦点，也是高等教育工作者所面临的新课题。所以高校网络人文素质教育必须重视网络对大学生心理发展与健康的影响，适当干预网络性心理障碍，破解网络性心理障碍的成因、危害，研究解决如何预防网络心理问题等。

其五，实现网络历练，要力补大学生网络法律观念的缺失。尽管网络是虚拟空间，但其中的任何行为仍然是实在的，丝毫没有脱离开人类社会，只是具体行为方式发生了改变。因此，网络上的任何言行必然受到现实中的法律制约。网络法律问题产生于网络的应用之中，大学生在网络上也应有法律意识。近年来，网络所反映出来的法律问题呈上升趋势，有关网络的案例不断发生，这与上网者的网络法律意识普遍淡薄不无关系，而法律意识的缺失归根结底在于人文素质的缺失，故可以用人文素质与网络法律意识相配套，使得两手抓、两手硬。

第三节 人文素质教育的方法

人文素质教育方法是教育者为了实现人文素质教育目标，传递人文素质教育内容，对受教育者采取的思想方法和工作方法。人文素质教育的方法有宽有窄，有点有面，涉及方法论方法、研究方法、教学方法、学习方法等，本章不一一赘述。前述人文素质教育的原则和途径，实际上也是一种人文素质教育的方法，是人文素质教育的一般方法和基本方法。本节着重从教育者角度，以选择教育内容入手，就实施教育的方法进行阐述。主要包括学科交叉法、中西融合法、古今搭桥法和就地取材法。

一、学科交叉法

所谓学科交叉法，是指在人文素质教育过程中教育者充分挖掘和整合不同学科中有利于受教育者丰富人文知识、提升人文素质、形成人文精神素材的方法。即高校教师在实施教育时需有多学科的视域，从学科上进行比较透彻而全面的领会和思考，并聚焦于文与理、文与文等不同学科的交叉结合部，从中研究寻找人文素质教育的素材和资源。

学科交叉是科研思想的来源。因为传统单一学科发展到一定时期，会遇瓶颈甚至极限。当代科学技术发展的一个重要特点是综合化和交叉发展，许多新学科都是在两个或多个学科的交叉点处生长和发展起来的。随着学科交叉融合进一步加快，科学家再不能局限于本学科领域方面单纯的研究，必须注重跟其他学科领域的科学家共同探讨、共同发展、交叉融合、共同合作，将一个学科发展成熟的知识、技术和方法应用到另一学科的前沿，能够产生重大的创新成果。

学科交叉也是人文素质教育的方法。高明的教育者善于利用自身积累的知识优势，发展学科交叉的切入点，及时开辟新的教育内容和方向。更新教育内容意味着突出现代、反映前沿、追踪发展和学科交叉。教育者不能只看自己所在学科的教材和图书，而应关注相邻学科及其结合部，不断学习相关学科和交叉学科知识，建立交叉学科教学项目，着眼从单一学科角度无法充分分析的主题的学习研究，形成一种学科交叉的教育视角。

学科交叉方法的长处一是有助于教育者扩充教育视域，更新教育内容，提升教育层次，达到人文素质教育的新颖性、前沿性、学理性；二是有助于受教育者即大学生培养学科交叉的思维习惯，赋予未来的公民和领袖以足够的知性，分析、评价及综合不同来源的信息以得出合理的决定。

对学科交叉方法的质疑主要集中在认为这种方法缺乏综合性，即教育者选取多学科的视角，却没有充分的指导以克服学科间的冲突，获得对问题的综合认识，且只有少数学生才具备所要求的知识和智力的成熟性。对这种方法的质疑虽值得重视，但不可因噎废食地对方法加以否定。

二、中西融合法

中西融合法是指人文素质教育者充分挖掘和整合中国与外国文化中精华部分和积极因素，获取人文素质教育素材的方法。

一个大学的人文素质教育承担着传承和光大民族文化传统的责任。这种传统的伟大之处之一即在于帮助参与其中的人们将传统生活化、日常化，从而建立属于自己的文化认同。而文化认同的建立应该有海纳百川的胸襟，而且往往是像卡尔维诺在《为什么要读经典作品》中指出的那样，从经典文本教育开始，然后逐渐向历史哲学延伸，向古今中外纵横。也就是钱钟书先生提倡的古今中外的打通。"打通"目的旨在创造扎实的学术基础、健全的人格以及有趣味的文化生活。

然而人文素质教育的全部功能不仅仅在于传承培养传统、建构文化认同。在了解传统、确立自己的身份之后，反过来更有可能鼓励文化多元，培养国际视野。尤其是当中国学府、学生出现在国际交流的舞台，便更加迫切地需要接受人文素质教育并以此了解"文化多元"的意义。合格的人文素质教育带来的文化认同，在全球化的语境下，多多少少带着"文化多元"的色彩。因此，中国的人文素质教育者应关注西方通行的现代科学教育与人文素质教育的融合的精髓，引导学生主动发现所在学科的人文性，欣赏国内外名家的人文论述，开发具体学科中的人文内涵，是培养学生人文精神的有效途径之一。在教学过程中，可以结合教学内容为学生展示中外学者对学科知识、实践的人文性的不同观点。由此，人文内涵不是仅以中国独有独大的东西被简单地推崇，而是将其合理地搁置于现代学科教育的框架之内，作为专业教育活动的一种有机构成要素被吸收、消化、融合。

三、古今搭桥法

古今搭桥法，是指人文素质教育者以传承和扬弃的态度，从历史典籍和传统文化中充分挖掘和整合不同历史时期人文素质教育素材的方法。

有人说"通于古者窒于今"，也有人认为知今便难通古。而如果能融汇古今，善于在历史与现实之间来回穿梭，则可能通古今之变，成一家之言。首先要知古守根。现实是历史的延续，它本身也要演变为历史。在很大程度上，人文素质教育必须回归、再造传统，到历史中去寻找可资批判继承与参考借鉴的人文遗产。作为一个有着悠久历史的文明古国，中国传统文化中有着取之不尽的人文素质教育资源，产生过众多杰出的圣贤，他们怀着卓绝的理想，持有坚定的信心，表现出了自强不息、超凡脱俗的精神境界。重新激活这些资源，让他们在现代大学的人文教化中发挥作用，是现代教育弘扬人文精神的重要内容，也是富有时代意义的课题。在现代汪洋似海的大学校园中，应保留教育理想，使人文素质教育有憩息、舒展、生长的空间，从而为大学保留一片学习园地。教育者应该有针对性地改革教育的僵硬模式，在及时反映当代中国马克思主义发展的最新成果的同时，将人文素质教育的精华融入其中，并不断丰富教学形式，以增强教育的吸引力和感染力。

在中国历史上，非宗教的、具有浓厚理性主义和人文精神的儒家文化占据着统治地位，科举考试以古典人文学科知识作为主要标准；宋代以后各朝统治者不仅右文左武，以文臣出相入将，而且公开标榜"以文教立国"。民国以后，西学取代中学，科技教育逐渐占据主导地位；20世纪50年代院系调整后，人文教育进一步受到削弱，以致许多理工科大学生缺乏人文知识和修养。现今加强大学生的人文素质教育，力求兼收学习人文知识、陶融人文精神之效。特别是在经济全球化、文化多元化的时代背景下，外来文化不断侵蚀着我们的文明，应该"和而不同"，在吸收外来文化的同时，我们首先要保住源远流长、博大精深的中华民族文化的根本。在现在的大学生中，民族文化的根底太浅太贫乏，而且整个社会普遍趋于浮躁。倡兴国学，资人励己以传民族大义显得尤为紧迫和重要。

其次要知今守望。要把人文素质教育与当代社会现实及大学生实际紧密结合起来，从实际出发，根据学生知识结构和接受心理，有计划、有针对性地进行循序渐进的教育，并在教育方式上有所调整和创新。在教学内容上，要打破传统的程式化条块分析模式，注重挖掘人文精神，使学生在潜移默化中受到优秀古典人文精神的熏染，将传统文化与学生人文素质培养结合起来，充分发挥人文素质教育的功能，用传统文化的麟髓凤乳滋养学生的精神生命，使其内化为学生的精神品格、气质修养。在教育手段上，要采用现代教育技术来普及传统文化，一些古典人文作品可能文字艰深，不宜全盘口述，而以图像、声音、动画配合文字，则更有助于加强教学的直观性和生动性。以图而言，中国古代丰富的文化遗迹，如甲骨、帛书、绘画、雕刻、封建王朝的疆域版图；以声而论，如诗词诵读、古曲演奏、古典戏曲片段等，都会得到生动直观的展示，从而增强教学效果。让他们在接受西方文明的同时能感受到与之相比毫不逊色的中国优秀传统文化，掌握学术知识之余也提高自己的精神修养，其作用是"润物细无声"的。

四、就地取材法

就地取材法是指利用当地文化资源进行人文素质教育的方法，即高校教师在实施教育时应注意发掘本国、本省特别是本地本校的教育资源，选取靠近师生身边的典型文化载体、事件、人物，加以去粗取精、去伪存真、由表及里的分析评判，以达人文素质教育特定效果的方法。

传统文化中的各地地方文化，如乡土地理、民风习俗、历史人物、生产和生活经验等，是中华文化的重要组成，是中华文化形成和发展的土壤。正如著名民俗学专家陈勤建教授所说："我们民族文化的DNA，存在于民俗、民间文化之中"。地方文化作为地方的人来说，就是基因文化，它具有独特性、亲切性、实践性。利用地方文化资源，有利于建构以人文素养为目的的课程体系；有利于焕发出融入灵魂深处的文化基因；有利于在文化的继承与发展中形成各自特色。在高校人文素质教育中，地方文化资源应该值得我们去发掘和利用。

利用就地取材法可以实施一种内容极为广泛、密切联系地方实际的有鲜明地方特征的人文素质教育。可依据当地的政治、经济、文化、民族等发展需要，利用地方人文资源而开发，反映地方社会发展实际及其人才培养的需求，实现与学生的现实生活发生多方面的、多层次的联系，重建学生的精神生活，真正赋予学生生活意义价值，让学生成为学习活动的主体、个体生活的主体和社会活动的主体。

由于各地经济文化发展的不平衡和自然环境的千差万别，城市与农村、发达地区和欠发达地区的教育资源的拥有量也不相同。因此要尽可能就地取材，选择资源方向、确定指导力量、获得信息资源的途径，制定合适的办法。从贴近生活、贴近社会、贴近学生出发，丰富和修订教育资源，突出中华民族的优秀传统，同时从文史哲等方面精选学习主题，让学生在走进自然、走进社会、走进人生的过程中，学会正确处理个人与自我、个人与自然、个人与家庭、个人与社区、个人与学校、个人与国家、个人与世界的关系，逐步形成正确的人生观和价值观。

在此过程中可以开发、利用以下资源：地方人文资源，如文化古迹、革命历史遗址、风景名胜、民俗民风等；专业职能部门或机构的资源，如大专院校、科研机构、企事业单位的专家、学者、研究人员及相关设备等，实现多种资源的交融；文献资源，如电影、电视、广播、录音带、录像带等音像制品；社区文化机构资源，如博物馆的收藏品，书店、图书城的书籍、刊物、报纸等；科普教育职能机构的资源，如省市、地县（区）科协、学会的专家、青少年活动中心等校外教育基地的教师及设备等；大众视听传媒资源，如博物馆、体育馆、美术馆、文化宫、展览馆、公园等；电子信息资源，如计算机网络、多媒体课件等，实现资源共享。

在就地取材法的实践中，从第一课堂来说，可通过在人文素质课程体系中增加地方文化选修课、在编写有关人文素质课程的教材中利用地方文化素材、在人文素质课程教学过程中融入地方文化元素以及鼓励和引导学生自主探究地方文化精髓等方式让地方文化资源"进课堂"，从而优化人文素质教育课程结构，丰富教学内容；从第二课堂来说，可通过开展以地方风情为题材的书画、摄影竞赛和作品展，组织以民俗采风为内容的征文比赛和文学交流活动，将地方民歌、地方剧种搬上校园舞台等方式让地方文化资源"进校园"，从而丰富校园文化内容，提高活动吸引力和同学们的参与热情；从第三课堂来说，可将社会实践活动和地方文化资源结合起来，开展"三下乡""四进社区"活动，有针对性地安排学生深入农村、深入地方、深入地方名胜古迹，面对既熟悉而又从未深究的地方文化，让学生去观察、考察、调查、体验、访问，为学生提供更为实际、更为真实的学习情境，将书本知识与学生生活、社会实际有机整合起来，操作起来既经济又简便易行。

实施就地取材法要求查阅相关资料，查检出有关地域人文、文化习俗等史料；走向社会调查访问、实地考察和上网方式收集材料，并对这些资料进行初步的筛选、摘录和整理；走访村镇中的老人、群众，了解相关古老传说和奇闻逸事。这样积累大量的直接或间接的资料，由于比较原始，需要对这些材料进行整合，使之与学生的实际和教学的实际相符合；将学生收集到的资源进行整理，并对这些资源按照一定的类型和逻辑顺序进行组合、整编和归类，使之更加有效和有序。通过这种手段，把来自各个渠道的资料加以考证、比较、增删等，以达到去粗留精，去伪存真，使之更具系统性。

第七章 人文素质教育与健康心理培养

第一节 心理健康教育课中人文素质教育

　　心理健康教育和人文素质教育都属于素质教育的重要内容。相对于"应试教育"，素质教育注重学生的全面发展，重视培养人的思想道德素质、能力、个性发展、身体健康和心理健康教育等。国内学者大约从 20 世纪末开始了人文精神，人文素质（素养）相关问题的讨论。从人文素质概念的界定，到人文素质教育的具体实施，从理论层面到实践层面，内容涉及非常广泛。而同样作为素质教育重要组成部分的学校心理健康教育，根本宗旨在于提高学生的心理品质，增进学生的心理健康，进而促进其整体素质的提高和人格的健全发展，这些理念实际贯彻着人文精神。我校的心理健康教育以课堂讲座形式为主，咨询、团体辅导等形式为辅。本节将从教学实践的角度来谈一下如何在大学生心理健康教育课中进行人文素质教育的渗透。

一、心理健康教育课体现和实践着人文素质教育

（一）人文素质教育的内涵

　　所谓人文，是指人类社会的各种文化现象。人文素质是指做人的基本修养。它体现一个人对自己、他人以及社会的认知态度和行为准则，是一个人文明程度的综合体现。人文素质可分为三个层次，即人文知识、人文态度、人文精神。其中人文精神是人文素质的最高形态，而人文精神主要是通过一个人的人生观、价值观、世界观、人格特征、审美趣味等体现出来。人文素质教育就是教会学生"如何做人"，也就是培养学生人文精神的教育。开设人文社会科学课程是在高校进行人文素质教育的普遍方式，尤其在我校这样的医学专业高校，更是非常必要。通过人文社会科学知识的学习，可以帮助学生更深刻的理解现代医学模式的含义，并指导未来的医疗实践。而心理健康教育课正是我校人文社会科学课程里面基础的一门。

（二）心理健康教育课贯彻着人文精神

心理素质在人的整个素质系统中处于基础地位，心理素质的优劣深刻影响到一个人整体素质的发展。心理健康教育提倡一种发展的理念，提倡全人发展、全体发展和潜能开发，这些都贯彻着人文精神。学校心理健康教育就是要以学生成长发展的需要为出发点，关注的是每个学生的健全人格培养、积极的自我意识和潜能开发。心理健康教育要根据青少年身心发展的阶段性特点，帮助他们度过成长中的危机，顺利成长，为其终身发展与最终的自我实现奠定内在基础。

心理健康教育是我国素质教育的重要组成部分，开展的形式多种多样，如心理咨询、心理活动课、团体心理辅导，等等。我校面向大学生开设的心理健康教育课以课堂讲座形式为主，这区别于中小学生活动为主的课堂模式，也符和大学生的心理发展规律和学校的实际特点。通过这种专题讲座形式的教育活动，教会学生自我领悟，教会学生一种生活的智慧和态度——如何实事求是、客观地看待这个世界，看待他人，看待社会，对待自然，尤其在非常重视医学人文的今天，医学生将来在工作中需要真正做到敬畏生命，热爱生命，关心民众疾苦，用自己的行动体现"医乃仁术"的本质，构建与人为善、助人为乐的优秀品质，培养热爱自然，洒脱豪放、与自然和周围的人和谐相处的理念。这些都是人文素质教育和心理健康教育共同的教育目标。

在课堂教学过程中，结合医学生将来的职业特点，我们积极探索进行人文素质教育的渗透。

二、人文素质教育在大学生心理健康教育课中的渗透

（一）强调"人本主义"的理念

人本主义学派心理学家罗杰斯（Carl Ransom Rogers）首倡患者中心疗法，他以心理治疗和心理咨询的经验论证了人的内在建设性倾向，认为这种内在倾向虽然会受到环境条件的作用而发生障碍，但能通过医师对患者的无条件关怀、移情理解和积极诱导使障碍消除而恢复心理健康。他在《患者中心疗法：它的实践、含义和理论》中指出：人类有机体有一种天生的"自我实现"的动机，所有其他动机都是这种自我实现的不同表现形式，自我实现指的是一个人发展、扩充和成熟的趋向。而人文素质教育的目的就是让学生"学会做人"，也就是培养学生的人文精神，这里的人文精神已逐渐成为一种含义广泛的融合的概念。既包含狭义的科学精神中所有的求真、求实、创新、存疑的精神，又包含狭义的人文主义中的求善、求美、自由、本真的超越精神，它是对人的生命价值的尊重，是对生命的一种敬畏，它追求一种"全人观"，它是一种普遍的人文关怀。这

种内涵反映着"人本主义"的精髓。所以在教学中,我们特别倡导人本主义的理念,注意营造一种宽松无条件接纳的课堂环境,融入更多的交流互动元素,这样使每一位学生都能积极主动愉快的参与到整个课堂教学中。由于常规教学模式的影响导致很多学生习惯被动吸收,课堂参与的积极性不高,这就需要教师一开始就能调动起学生参与的热情,给予更多的鼓励和接纳。这样不仅会增加心理健康教育课的课堂效果,而且潜移默化中,人本主义的一些精神已经会被学生所接纳吸收,而这些精神恰恰为我们学生的人文素质的构建添砖加瓦。

另外大量临床医学实践证明,心理因素、社会因素、环境因素对人体有越来越多的影响。医学界非常重视生物—心理—社会因素的相互作用对人的健康和疾病的制约。因此在课堂教学中需要让学生意识到,人自身具有巨大的自我修复和自我实现的潜能,在今后的医学实践中,要融入人本主义的精神,给予患者丰富的人文关怀。在医务工作者的眼里,患者不仅仅是个生了病的个体,而且更是活生生的人,医务人员给患者治病除了采用吃药、打针、手术等理化方法外,同时需要认真考虑心理、社会关系等诸多因素对患者的健康和疾病的影响,为患者提供恰当的精神、心理和情感的服务。在工作中要与患者充分交流沟通,借以了解患者的更多信息,调动患者自我修复的潜能,提升他们战胜疾病的信心。同时医护人员这种发自内心的无条件关注、人文关怀势必会带来良好的医患关系,从而现存已久的"医患关系紧张"问题也就没有了立足之地,对于病人的康复也一定会起到很好的辅助效果,这些已经被很多研究资料所证实。

(二) 充分引入文、史、哲等人文知识

医学生大多有重理轻文的倾向,或者由于专业课负担沉重,导致很多学生无暇顾及人文方面的修养。课堂中,充分利用心理健康教育课的优势,在讲解一些原理,方法的时候,恰当引入相关人文方面的典故、寓言,让学生进一步沐浴人文经典智慧的洗礼,重新激发对人文知识的浓厚兴趣。在素质教育的大背景下,通过典型"高分低能"人物的介绍,促使学生改变固有的"重专业,轻文化"的错误观念,更加激发学生重视人文知识,发展多方面能力的热情。

文学作品来源于生活,优秀的文学作品更是人文精神的载体和精华,和其他人文科学著作的不同就在于,它蕴含着道德伦理的是非观、美好丰富的情感。在课堂上,教师可以选择与授课内容相关的好作品介绍给大家,尤其一些已拍成电影电视的作品更可引起学生的强烈反响,作品中的某个人物,某个情节,某段描述都可以成为我们课上的案例,或借以宣泄某种情感,或解释某种心理现象,也或者可以作一次心理分析。这样一来心理学的方法理论就更容易被学生理解吸收,使心理学知识与生活紧密联系在一起,

也可以引导学生从文学世界中开阔自己的视野，汲取有益的生活智慧，从而丰富自己的人文修养。

心理学起源于哲学，心理学的很多内容本身就蕴含着深刻的或通俗的哲学智慧，例如课上教授大家利用"合理情绪疗法"来调试平时的负性情绪，提示大家多角度看待问题，用辩证的思维来应对生活中遇到的困扰。中国传统哲学思想当中蕴含着丰富的心理调适和心理治疗理念，目前社会中存在的"急功近利""急躁""焦虑"等问题也不可避免的波及到大学校园当中，很多大学生没有明确的人生定位，又受到方方面面问题的困扰，从而陷入了种种心理失调当中。针对这种现状，我向大家适当介绍老子的哲学思想。老子生活在春秋时期，当时诸侯混战，统治者强作妄为、贪求无厌、肆意放纵，违背自然规律、社会规律，即"有为"，在这种情形下，老子极力呼吁统治者为政要"无为"，实行"无为而治"，建议不要过多干涉老百姓的生活。老子的"无为"并不是什么都不做，并不是不为，而是要顺应客观态势、尊重自然规律的"为"，不妄为、不乱为。老子的"无为"思想基于对人与自然相互关系的深刻理解，它启发我们每个人都要树立一种超脱的忘我的思想境界，抛掉太多的顾虑，全身心投入当下，以这样的心态去工作、学习和生活。

史学的魅力同样可以在课堂中表现出来，例如在讲情绪与健康关系的时候，七情是人体正常的生理反应，而七情过激就会给人体造成损害，为大家所熟知的一些历史典故就可以作为案例，像春秋时吴国大夫伍子胥过昭关，一夜之间须发全白；诸葛亮两军阵前大骂王朗，使其羞怒交加被气死而跌落马下；甚至中学时候一篇课文——《范进中举》，范进中举后喜极而导致精神错乱……这些典故不仅可引起学生广泛的回应，而且又加深了对所授知识的理解。再如在讲解大学生性心理这一专题时，为了让大学生在多元文化和价值观的冲击下建立恰当的性观念，我首先向学生介绍我国性学历史发展情况，以及西方的性自由性解放的历史，再结合目前国际国内各种性观念和经典案例的介绍，学生自己就可以建立一个恰当的性观念。这样一种授课的安排，不仅便于学生认可我们的主流道德观、价值观，而且更能领会到"读史使人明智"，唤起学生对历史的浓厚兴趣。

（三）加强教师自身人文修养

从教育的目的与功能看，教育的最高目的就是培养人、唤醒人、提升人的精神，而教育的"产品"就是能够适应社会，积极地参与社会及为社会做出贡献的人。如果教师的专业素养形成中忽略这种精神或教师本身缺乏人文素养，其结果是不可想象的。身为心理健康教育工作者，本身就需要具备良好的人文素养，这样才能将人文元素自然的融入每一堂课。我认为，首先，教师需要具备对心理健康教育工作的热情，这样才能不断地丰富自己，完善自己，这种丰富和完善既包括知识层面的，更包括心灵层面的，最重要的是要做到认识自我、悦纳自我,只有在此基础上,在面对周围的人,尤其是自己的学生的时候才能做到自然的接纳,和谐的相处。其次,教师也要更多的与学生接触和交流,了解他们的心声,及时获得授课情况的反馈,这样做不仅可以调动学生听课的积极性,而且更能挖掘出学生们的独特资源,对教师的教育教学工作形成有益的补充。值得一提的是,教师自身人文修养的提高同样需要一个长期的过程,在工作,生活过程中也会遇到方方面面的障碍,我们每一位教师都需要保持乐观积极的心态,勇敢迎接每一项挑战。

总之,大学生心理健康教育课是一个进行人文素质教育的非常好的途径,我们通过观察和调查发现,大学生对心理健康教育课表现出极大的热情,课堂参与度相对较高,课后很多同学也非常愿意和教师主动交流,这对他们的顺利成长和人文素质的提升是非常有益的。所以我们应该好好利用这一途径,给学生更多的资源和启发,使大家都拥有丰富美好的人生。

第二节 心理素质教育中提升大学生人文素质的途径

人文素质主要包括人文知识、人文精神、人文行为三个方面。人文素质教育不仅应该包括"知"——了解人文知识,更应包括"行"——践行人文精神、修正人文行为,这样才能符合人的全面发展思想的科学内涵价值,帮助大学生在接受人文教育的同时能够深入思考人生的本真,进而实现自我的升华。大学生心理素质教育课作为一门注重体验、讲究应用性与实践性的课程,不仅有利于人文知识的普及,更有利于人文知识的实践。

一、心理素质教育中渗透人文教育的可行性

人文素质体现着一个人对自己、他人以及社会的认知态度和行为准则,是一个人文明程度的综合体现。它的最高表现形态就是人文精神,主要是通过一个人的人生观、价值观、世界观、人格特征、审美情趣等体现出来。人文素质教育的目的就是要教会学生"如何做人"的问题。在这一点上,人文素质教育与心理素质教育课是相通的。大学生心理素质教育课并非是心理学的专业课程,不以讲授心理学专业知识为目的,而是根据大学生心理发展的特点,从教育与发展模式出发,让不同年龄的大学生了解成长过程中可能遇到的问题,掌握处理心理问题的态度与方法,引导学生形成正确的精神需要,指导学生发挥自身潜能,最终获得心灵的成长、学业的成功。

大学生心理素质教育课的内容更多指向大学生关于自我意识、人格发展、人际关系、个人成长、生命等主题的意识活动。心理素质教育课程的意义就在于满足大学生来自于精神层面的心灵追求，让学生懂得修身是齐家治国平天下的基础，是促进社会和谐之根本；让学生懂得唯有心灵的满足，才是真正的幸福。大学生心理素质教育课体现了人文素质教育的灵魂——对人心灵的培养，可以加强大学生对人生意义、生命价值的认识。因此，大学生心理素质教育课就成为人文素质教育中最重要部分。

二、心理素质教育中培养人文素养的途径与策略

（一）转变教学理念，以人本主义学习理论为指导

心理学家罗杰斯的人本主义学习理论指出人类生来就有学习的潜能，教育应以学习者为中心，充分发挥他们的潜在能力。因此，教师应以大学生为中心，充分发挥每个学生的潜在能力，倡导人本主义的理念。首先，注意营造一种宽松无条件接纳的课堂环境，使学生在教学情景中感到自信、轻松和安全。其次，当学习涉及信念、价值观等内容，由于这些内容涉及学生的自我概念，会与学生的自我认识形成冲突，学生往往会采取防御抵制的态度。但如果在一种相互倾听、理解、支持的环境里，与大学生进行平等的探讨，他们就能够在主动参与中识别与体验不同的意义，并试图把它们组合起来，价值观念的教育就自然而然取得了进展。再次，真正体现出学生的主体地位。重视学生的主体地位和学生内部需要、动机、兴趣、能力、知识经验，让学生主动地、负责地参与到学习过程中，进行自我探究、自我发现、自我创造、自我评价。学生成为课堂的主导者，教师成为"催化剂"。对涉及学生自身的情感、兴趣、需要等学习内容，自我参与的学习效果最深刻、最持久。最后，构建真实的问题情境十分必要。为使学生由衷地认可某一观念，就必须让大学生面临与他们自身的意义或价值有关的问题。切忌将问题概念化、与大学生的现实生活隔绝开来，要让他们经历将来会成为其真正问题的情境，以真实的问题情境来引发他们的动机，促使他们从内心寻求改变。

（二）依托团体活动，在活动中体验提升人文素质

团体活动是在团体情境下进行的一种心理辅导形式，是为吸引团体成员积极投入与参与，引发成员互动与成长而设计的活泼有趣的讨论、游戏等活动。团体活动不仅注重活动过程中的参与，更强调活动结束后的交流与讨论。通过鼓励和引导成员分享多样化的观点和资源，产生思想的碰撞，获得内心的感悟，从而达到澄清观念、提升认识、改变行为、促进成长的目的。因此，运用团体活动作为人文素质教育的载体，将某些人文主题设计成团体活动，将空洞的人文概念转化为现实的体验情景，通过团队互动、活动、

体验、分享、讨论等形式将人文知识内化为人文素质。以培养合作精神的团体活动为例。在团体活动中，将大家分成若干小组，以小组的形式共同完成某项任务，通过小组成员之间的相互关心、信任、支持、交流、协作，令大家感受到彼此的关心和尊敬，建立起直接的社会支持、共享的亲密关系、关怀。通过活动中切实的感受将这种积极的体验与关系内化为内心的信念、价值观。

（三）善用心理剧，在角色扮演中提升人文素质

人文素质属于人文社会学科的内容，与自然科学有着本质的区别。比如，社会对个体所承担的角色提出了相应的规范与期望，即角色的权利和义务对角色行为范围的限定。然而，在现实社会环境下，个体往往会根据社会文化、社会环境、时间等因素的不同而做出不同的行为选择，因此，一种人文素质内容就可能产生多种的变式。这就给人文素质的教育造成一定的困难，人文素质教育若不能体现出差异化，便容易导致内容空洞、高高在上、脱离现实。而心理剧（psychodrama）可以解决这一难题。心理剧也称社会剧，是一种团体心理咨询与治疗的形式。让个体扮演某种角色，使其重新经历情绪冲突的体验，在指导者的引领、支持和帮助之下，探索个体的人格特征、人际关系、心理矛盾等，使心理问题得到解决，心理剧中最主要的技巧是角色扮演。将社会中的现实人文问题演绎成为心理剧呈现在舞台上，让个体在角色扮演的过程中，把观念、行为模式表达出来，与剧情产生共鸣，重新审视内心深层次的自我，从角色中受益。心理剧可以将人文问题变得更加形象化、生活化、深入化，能够整合个体的认知观念和行为模式，帮助个体建立正确的行为模式，形成健全的人格。

人文素质教育应践行知行合一的教育理念，将人文知识转化为具体的行为、理念，达到人文素质教育的终极目标即人的全面发展。而心理素质教育中的理念、教育活动能够成为人文素质教育的有力保障，让学生在活动体验中明确个人的社会责任、学会宽容与合作、树立积极的人生态度。

第三节　大学生思想政治教育中的人文关怀和心理疏导

大学生进入大学后，由于成长过程中主客观因素的影响，个人已经形成了基本的价值观，各自性格独立，具有不同特性，从这个层次分析，高校的思想政治教育应该建立在大学生个人特点有所掌握的前提下。教师制定教学计划时，要按照学生心理特征，将学生置于学习的主体地位，进行必要的人文关怀与心理疏导，在精神上给予学生无穷的力量。高校思想政治教育与我国特色社会主义事业发展息息相关，不仅对社会经济发展

与趋势有深远影响，并且对大学生个体也能够带来不同影响。现代高校教育中，进行必要的人文关怀与心理疏导，是思想政治课程教学计划完成的必要手段。基于此，从大学生心理特征角度分析，加强人文建设，提升大学生高校思想政治意识，有较强的时代性。笔者认为，大学生人文关怀与心理疏导可以从以下几个方面着手：

一、树立以人为本理念

大学阶段是与社会接轨的最后一道屏障，也是学生价值观自我升华的终止阶段。大学生作为国家未来发展的主要力量，担负国家发展重大责任。现代大学生因为知识面拓宽，外界信息接收速度较快，价值导向具有新时期特性。面对新时期学生特性的转变，教师要在教学中贯彻以人为本的根本理念，摒弃一概而论想法，因材施教，结合大学生心理特征进行思想教育，鼓励学生个性发展，从学习与生活的各个层面关心学生，让学生能够感受到温暖校园的关怀，加强思想政治教育建设。

二、提高校园生活质量

思想政治教育与其他课程相比，不仅仅需要简单的知识传授，更应该在学生日常生活中潜移默化带领学生往积极向上的态度上发展，学生日常生活环境会严重影响到课程教学效果。要推进思想政治教育队伍进入校园生活中使其发挥重要作用，可将生活辅导员队伍安排到生活园区内，这是思想政治教育工作的主体力量，对学生的教育和引导起到重要作用，同时也能及时地了解和掌握学生在生活中的思想动态，对于一些细节性问题，能够尽早解决。

三、改善高校文化环境

大学生思想政治教育任务的完成与实现，要求学生学习环境有所优化，教师与相关部门要积极创建和谐文化氛围。高校是大学生培养的重要基地，为确保大学生可以有良好思想政治熏陶，优化校园环境变得势在必行，校园环境的和谐有助于大学生人文关怀与心理疏导的进行。和谐的学习环境和氛围是学校潜在的建设，设置环境过程中，要注重显性环境与隐性环境的结合，发挥积极的环境影响。学生长期学习过后，无形中就会受到自然环境的影响，个人意识与观念方面也会潜移默化地转变，不断提升自身素质。

四、深化心理健康教育

思想政治课程较早就被确立为校园教学课程，传统思想政治工作在教学方面还有一定欠缺，对学生心理状况没有充分了解，造成思想政治教育效果未能达到预期效果。部分学生甚至对思想政治教育产生排斥心理，因此，教师在教学过程中要结合学生的心理健康状况，跟学生进行谈话，协助学生处理问题，升华思想境界，为高校思想政治教育工作打下坚实的基础。

五、完善相关教育体系

想要全面贯彻落实大学阶段的思想政治教育工作的人文关怀与心理疏导，就要学校建立起科学合理的相关教育体系，这是保障学生学习过程中能够得到人文关怀与心理疏导的基础。我国传统的教育方式相对较为淡薄，缺乏多样性，忽略局部教学任务，过于注重宏观方面的学习目标，与实际有所背离。基于此，教学工作者想要优化思想政治教育模式，就要健全相关体系。该体系的完成与优化，要确保系统设计科学合理，规划完善，注重整体性，确保教学体系的有效性，构件完善的服务体系，创建高效的服务平台。

六、提升教师人文素质

思想教育工作的设计是从教育者开展，人文关怀与心理疏导则的主要实施者也是教育工作者。想要达到人文关怀与心理疏导实施的效果，相关教师必须要积累丰富的经验，个人素质提升。大学生在校学习期间，由于与辅导员接触的频繁，这就使得辅导员的作用变的举足轻重。为有效加强大学生思想素质培养，高校辅导员师资队伍建设就被提上日程，并且日渐重要，同时也制定了相关的举措，以期不断完善大学校园师资队伍。然而，通过笔者对大学校园教师工作的了解，以及个人工作经验，发现大学辅导员日常工作相对繁重，同时还要分心进行班级管理，时间方面并不充分，待提升之处未能及时通过培训等方式得到提升。另一方面，因为忙于工作，师生互动机会较少，对学生心理状况等缺乏具体的掌握，所以，提升辅导员素质就成为人文关怀与心理疏导落实的必要举措之一，这对于大学生的思想政治教育效果能够产生重要作用。

随着我国教育体制的改革，不仅仅是要关注学生的学习成绩，还要重视学生的心理健康与发展。大学生思想政治教育人文关怀与心理疏导对其顺利完成大学生涯有重要作用，而该目标实现的关键就在于要时刻牢记学生的主体地位，创造和谐的学习氛围，强化学生的心理健康教育，从细节处完善人文关怀与心理疏导体系，进一步提升教师综合素质。综上所述，我国大学生的思想政治教育应该会收到良好的效果，为国家发展培养人才。

参考文献

[1] 李宪芹. 高职院校大学生心理健康存在的主要问题及成因分析 [J]. 承德职业学院学报. 2007（02）：12-14.

[2] 王世伟，马海珊，李阿特，林静. 积极心理学视野下的高校心理健康教育模式建构 [J]. 中国校外教育 2019（12）：90-91.

[3] 罗新兰. 大学生心理健康教育 [M]. 杭州：浙江大学出版社，2014：8.

[4] 房宏驰，王惠. 心理学视角下高职院校体育教学改革的思考 [J]. 教育现代化，2019，6（50）：33-34.

[5] 翟亚丽. 论家庭因素对大学生心理健康状况的影响及对策 [J]. 卫生职业教育，2015，33（03）：154-155.

[6] 郝颜. 职业院校大学生心理健康不良的产生原因分析及对策 [J]. 课程教育研究，2019，（15）：34-35.

[7] 向芬. 大学生思想政治教育与心理健康教育的整合——基于协同视域 [J]. 学理论，2016，（07）：248-249.

[8] 贾宝莹. 高校大学生网络心理健康教育与创新咨询方式研究 [J]. 科教文汇，2019，（02）：157-159.

[9] 黄欣荣. 大数据时代的思维变革 [J]. 重庆理工大学学报：社会科学，2014，28（5）：13-18.

[10] 张艳. 高校贫困生心理问题分析与救助 [J]. 江苏高教，2012（01）：133-134.

[11] 刘伟，丛小玲主编. 大学生人文素质培养与实践 [M]. 沈阳：东北大学出版社，2015.

[12] 戴丽红. 立德树人全面实施素质教育大学生素质教育研究与实践 [M]. 西安：西安电子科技大学出版社，2017.

[13] 袁进霞著. 新时代大学生素质教育新论基于应用型人才培养的视角 [M]. 北京：地质出版社，2018.

[14] 解梅，陈红著. 理工类高校人文素质教育研究 [M]. 兰州：甘肃文化出版社，

2013.

[15] 李国强. 心理健康教育课程设计与开发 [M]. 湘潭：湘潭大学出版社，2017.

[16] 邬向明著. 素质教育知行录 [M]. 北京：人民教育出版社，2012.

[17] 郭小平著. 高职学生心理健康教育研究与评价 [M]. 天津：天津科学技术出版社，2013.

[18] 赵晓和，张国定主编. 大学生文化素质教育研究与实践 [M]. 合肥：合肥工业大学出版社，2010.

[19] 闫颖著. 高职大学生职业人文素养 [M]. 天津：天津大学出版社，2014.

[20] 王国雨主编. 经典与修身大学生人文素养读本 [M]. 杭州：浙江工商大学出版社，2014.